U0034872

算屋一本通

懂算屋，就看這本書

All You Need To Know About Feng Shui

風水大師

東文羊

作者序　風水學：知其一還要知其二

　　古人云：「一命、二運、三風水、四積陰德、五讀書。」

　　是故，風水學本身即是古人「天人合一理論」的學問之一，藉由觀察與紀錄，找出人們居住的法則，進而解釋人生的整體輪廓。

　　而現代的解釋則是：

　　因為天體、地球的運行，以及房子坐向位置、周遭環境等，所交織產生的良莠磁場，即可對住於其中的人產生吉凶的影響。

　　從古到今，東方到西方，風水學總是不乏其信徒：

孟子說：「居可移氣，養可移體，大哉屋居。」

英國首相邱吉爾也曾經說過：「人造房屋，房屋育人。」

西哲黑格爾更這麼說：「要使建築結構適合於環境，要注意到氣候、地位和四周的自然風光，在結合目的來考慮的一切因素中，創造出一個自由的統一的整體，這就是建築的普遍課題。」

而現今全世界對於這門學問已經越來越重視。學習瞭解之餘，還知道用來造福自己、趨吉避凶。而聰明的您，怎麼可以不去瞭解呢？

陳文祥　序於「君疑聞詳命相卜」工作室

目　錄

風水

　　本為相地之術，即臨場校察地理的方法，也叫地相，古稱堪輿術。相傳風水的創始人是九天玄女，比較完善的風水學問起源於戰國時代。是中國歷史悠久的一門玄術。也稱青烏、青囊。

圖：古時勘輿師的布袋都是青色的，故風水又稱青囊術。

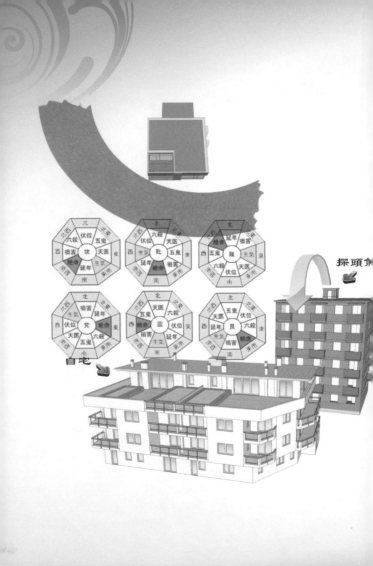

第一章

何謂風水學

第1節　風水學的原理

　　人居於屋中，屋座落於地表，地球又隨著宇宙天體而運行。簡單來説，風水理論主要是以玄學的陰陽消長理論，配合天（星辰、太陽等）、地（方位、地理環境）及人（屋宇設計、擺飾）與時（天地之元運盛衰），所歸結而出的吉凶剋應原則。

　　因此，風水可説是一門結合建築景觀學、人體工學、天文學、地球科學、流體力學、電磁學、行為學等集大成的學問。

　　可惜後來被方士生硬地配上五行干支術數各種所謂剋應，形成了祈求達致好運的一門民間信仰。

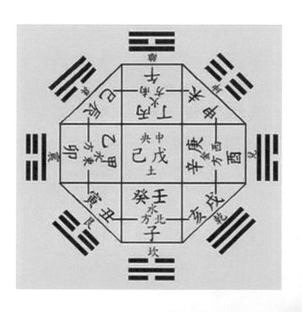

圖：方位結合五行與干支圖。

第2節　風水學的功能與其極限

　　生死有命、禍福無常。因此，有人使用占星學、八字學、前世今生的輪迴、風水學、姓名學……等等工具，來試圖解釋人生整體的運勢起伏。當然的，每門學問都有其大批擁護者與批評者。

　　事實上，風水並無如鄉野傳說中的，可以令人一夕翻身，從乞丐變成大富；或是令奄奄一息的病人起死回生。

其實，大部分的五術工具，只將與生俱來的福份催至極限，或是將禍害降到最低的功能。

　　比方説，若您原本的命格只是小富，就算住上無瑕疵的好宅後，是不會成大富的；但要是住了不好的陽宅，七折八扣之後，最後則可能會只是小康而已……。

　　如同電腦有硬體與軟體的區分，風水可分為五官看的見、感覺得到的「巒頭派」與感覺不到的「理氣派」兩種。

　　環境學派（巒頭派）源自江西，又稱江西派，巒頭著眼於山川形勢和建築外部自然環境的選擇，主要是觀察有無山環水繞、藏風聚氣、地勢土壤良莠、陽光陰影各種形勢等皆要有情無傷。

　　理氣派主要理論來自八卦術數與占星術，論及「陰陽、五行、干支、八卦、九宮、易卦等相生相剋」。主要重點是依照元運，選擇房屋最佳定位以及屋內動線。因為感官察覺不到，因此皆以羅盤定向配

合各派師傳口訣來操作；各派風水論法不同，因此各派羅盤其內容亦有所差異。

　　雖然有形與氣的分別看法，但其實它們都是一樣重要的。形與氣是各應其吉、各應其凶，吉凶無法互相抵銷。因此要同時兼顧二者，才能稱是真正的風水好宅。

圖：羅盤是風水師必備的工具，用以定方位論吉凶。

　　巒頭派因為觀察的是山形、山勢、水流等，因此爭議較少，坊間並無特殊的派別成立。

　　但是理氣派因立論基礎來源不同，因此門派眾多，爭議也較大。我們以下僅列出目前較多人學習的派別：

a. 八宅派（東西四命、八宅明鏡）：
利用太極生兩儀的二分法，將命格與宅向分做兩落，東四宅配東四命、西四宅配西四命。

此外亦將家宅分為八方，含中央部分共為九個區塊，依大遊年口訣等既定排法，將方位亦分為兩落；吉利方位擺

床、神位，凶位則擺廚房、倉庫等不重
要的地方。

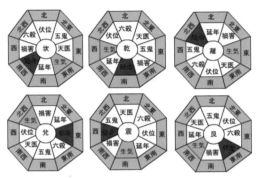

圖：八宅派認為吉凶為命格與屋宅搭配之後的結果。

b. **命理派（生肖、紫微斗數、八字等）：** 利用居住者的生辰、生肖等資訊，來選定坐向，甚至門牌號碼。

c. **三合派：** 以山水為主，將坐山的五行與宅外各山峰（建築物）、水流（轉彎

處、來水、去水）的方位五行，進行生剋關係。

圖：三合派主要用來看陰宅，光是水的吉凶則有多種看法。

d. 乾坤國寶（先後天水法、龍門八大局）： 以先天八卦為體，後天八卦為用，用以看周遭環境之吉凶。

卦位	先天水	後天水	天劫	地刑	案水	賓水	客水	輔水	庫水	三曜	正竅	中天
乾	離	艮	震	離	巽	坤	兌	坎	艮	寅亥午	巽	甲乙巽
坎	兌	坤	巽	坤	離	震	乾	艮	坤	卯巳辰	巽	寅乙丙丁
艮	乾	震	離	離	坤	坎	巽	兌	乾	申午寅	坤	丁坤
震	艮	離	乾	乾	兌	巽	坎	壬		亥卯申	乾	乾辛
巽	坤	乾	坎	兌	乾	坎	兌	坤	辛	巳卯酉	震	癸壬巽
離	震	乾	坎	坎	兌	坎	兌	坤	巽	午申寅	辛	癸壬巽
坤	坎	巽	震	坎	艮	乾	震	兌	巽	酉辰卯	甲	甲乙巽
兌	巽	坎	艮	震	艮	兌	艮	癸		辰酉巳	甲	甲乙巽

參考表：乾坤國寶派所衍生出的方位一覽表。

e. **三元玄空飛星派：** 以房子建造時間為主，依訣竅與坐山的陰陽屬性以順、逆口訣排出一個玄空盤，再依格局論其吉凶。

此外還有大玄空與六十四卦玄空學（易卦派、玄空大卦）等分類。

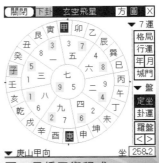

圖：星橋五術程式──玄空飛星排盤案例。

f. 紫白飛星：配合藉由房屋坐向與時間更迭，造成方位吉凶的排列不同。

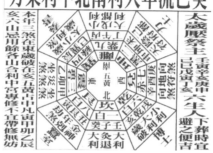

圖：今年（癸巳年）通書版的紫白方位吉凶圖。

g. 九星派（貪狼、巨門、祿存、文曲、廉貞、武曲、破軍、輔弼），也有歸為三合派之中——砂法用人盤，水法用天盤，著重水法。

h. 其餘還有明師盤、奇門派、三元納氣派等等。

第5節　常見風水用語

1. **坐、向**：屋宅的前方稱為向方，反之則為坐方。

2. **四獸**：左青龍、右白虎、前朱雀、後玄武，稱為四獸。中國人將觀察物（屋宅、房間、墓地）的前後左右方，將之套上四種吉祥的動物（聖獸）的名稱，以便尊敬稱呼之。

圖：四獸的方向是以觀察物為主的方向論之。

3. **元運**：三元派將時間更替共分為三元九運，而三元分為上元、中元、下元；其中每六十年為一元，每二十年為一運；因此三元九運為：上元一二三運、中元四五六運、下元七八九運；三元共為一百八十年。而目前元運正好走到自2004～2023年的下元八運中。

4. **形煞、神煞**：風水雖是大自然現象的一種表現，但因古時識字之人不多，因此術數家藉拖神煞、形煞一詞來說明不良風水的擺設，令人較容易理解。但從此也淪為不肖人士的訛騙之詞。

5. **河圖與洛書**：來自上古時代有關數字排列之圖案。有認為是先民的黃河與洛水兩大文化的精華濃縮成簡單的圖與數

字，而後被廣泛應用於風水、占卜等術數中。

筆者相信，河圖主要是說明如近代物理的「波粒二元性」，而洛書則說明如相對論的「四維時空思維」。

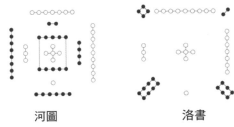

河圖　　　　　　洛書

6. **八卦、二十四山：**我們環顧一周是 360 度，為一個圓。地理師則將這個圓均分成幾個單位，不同派別有不同的分法。例如八卦，則為八個方位，每單位 45 度；24 山則為24 個單位，每單位 15 度。

方位	卦位	二十四山名稱	角度數
北方	一坎卦	壬山	337.5－352.5°
		子山	352.5－7.5°
		癸山	7.5－22.5°
東北方	八艮卦	丑山	22.5－37.5°
		艮山	37.5－52.5°
		寅山	52.5－67.5°
東方	三震卦	甲山	67.5－82.5°
		卯山	82.5－97.5°
		乙山	97.5－112.5°
東南方	四巽卦	辰山	112.5－127.5°
		巽山	127.5－142.5°
		巳山	142.5－157.5°
南方	九離卦	丙山	157.5－172.5°
		午山	172.5－187.5°
		丁山	187.5－202.5°
西南方	二坤卦	未山	202.5－217.5°
		坤山	217.5－232.5°
		申山	232.5－247.5°
西方	七兌卦	庚山	247.5－262.5°
		酉山	262.5－277.5°
		辛山	277.5－292.5°
西北方	六乾卦	戌山	292.5－307.5°
		乾山	307.5－322.5°
		亥山	322.5－337.5°

表：八卦與二十四山的所屬方向與角度

7. 干支與五行：

● **五行**：中國術數家將地球的物質分為金、木、水、火、土等五種元素。五行彼此間有其生剋關係，風水家也用此關係來判斷環境的吉凶。

此外，物件的形狀也有其五行代表：圓形是金、長方為木、三角為火、方形為土、彎曲的圓則五行屬水。

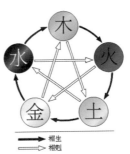

→ 相生
⇒ 相剋

圖：五行生剋關係圖

● **十天干**：甲、乙、丙、丁、戊、己、庚、辛、壬、癸。中國符號學的一種，可用來記錄時間與方位。

十二地支：即是子、丑、寅、卯、辰、巳、午、未、申、酉、戌、亥。也是中國符號學的一種，用來標記時間、方位、生肖等。

地支	生肖	節氣時間段	近似陰曆月份	近似陽曆月份	時刻	五行	陰陽
子	鼠	大雪至小寒	農曆11月	12月	23時至1時	水	陽
丑	牛	小寒至立春	農曆12月	1月	1時至3時	土	陰
寅	虎	立春至驚蟄	農曆正月	2月	3時至5時	木	陽
卯	兔	驚蟄至清明	農曆二月	3月	5時至7時	木	陰
辰	龍	清明至立夏	農曆三月	4月	7時至9時	土	陽
巳	蛇	立夏至芒種	農曆四月	5月	9時至11時	火	陰
午	馬	芒種至小暑	農曆五月	6月	11時至13時	火	陽
未	羊	小暑至立秋	農曆六月	7月	13時至15時	土	陰
申	猴	立秋至白露	農曆七月	8月	15時至17時	金	陽
酉	雞	白露至寒露	農曆八月	9月	17時至19時	金	陰
戌	狗	寒露至立冬	農曆九月	10月	19時至21時	土	陽
亥	豬	立冬至大雪	農曆十月	11月	21時至23時	水	陰

表：十二地支關係列表

圖：風水勘輿中的干支方位
與其五行，其中：
綠色為東方五行為木、
紅色為南方五行為火、
白色為西方五行為金、
藍色為北方五行為水。

8.地支三合、六沖：

● **三合**：十二地支中，每格四個（角度為120度）可以歸為一組，稱為三合。其中申子辰為一組，屬水。寅午戌為一組，屬火。巳酉丑為一組，屬金。亥卯未為一組，屬木。

● **六沖**：十二地支中，每格六個（角度為180度）為對應一組，稱為六沖。子午相沖、丑未相沖、寅申相沖、卯酉相

沖、辰戌相沖、巳亥相沖。

術數家觀察木星（太歲星）運行的軌道，發現當地理位置與當年軌道呈120度、180 度的方位，都會明顯受其強大萬有引力影響，因此三合與六沖名稱因此而產生。

於風水的應用上，也常有在勿太歲頭上動土、日子犯三煞、方位犯三煞等經驗法則產生。

＊ 其中坐東向西的房子，其三煞方、三煞日為：巳、酉、丑（方、日），坐西三煞：亥卯未，坐南煞：申子辰，坐北三煞：寅午戌。

第6節　中國風水名人與其經典

　　撇開久遠不可考的紀錄不談，我們羅列近代較有名的風水大師與其著述，以遙敬其風采。

・**漢朝**：黃石公《青囊經》。

・**晉朝**：郭璞《葬經》。

・**唐朝**：楊筠松（楊救貧）《撼龍經》、《青囊奧語》等，有名門人曾文辿《天玉經》、廖瑀等、李淳風《相宅經》等著作甚多。

・**宋朝**：吳景鸞《玄空秘旨》、《玄機賦》等、賴風岡（賴布衣）。

・**明朝**：劉伯溫《奧語序》、無極子（蔣

大鴻恩師，生平不詳）。

- **清朝**：蔣大鴻《地理辯證》、《天元五歌》等著作甚多，門人也甚多，啟近代三元的濫觴。有名的門人有章仲山、沈乃礽等。

第二章

居家外在
常見的形煞

第1節 壁刀煞

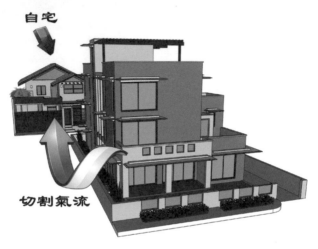

自宅

切割氣流

● **條件**：自宅被他人房屋側壁沖射到，因氣流會沿著壁刀走，造成很強的切割氣流，造成自宅的磁場紊亂。此外，都市中常見的招牌廣告，也會有切割氣流的現象存在，自宅若是被對到，亦是不吉。

壁刀長度越長、壁刀與自宅接越近、壁刀後面越空曠，代表來氣越多，所受凶應也會越嚴重。但若是壁刀樓層比自宅低，則不構成壁刀條件，只需看自己居住的樓層有無被切割到而已。

● **影響**：1.自前方沖射：車禍、血光意外、官司、破財、家庭不和爭吵、小孩不乖。

2.自後方沖射：犯小人、血光意外、破財、損丁（生不出男生，生女不受限）。

3.自側方沖射：血光意外、身體兩側受傷、左方來傷男主人，右方來傷女主人。

● **改法**：可以加蓋一個牆面或種樹擋住氣流，但此牆不可貼住自宅。但對公寓大樓而言，以上解法有難度，應速搬家！

第2節　天斬煞

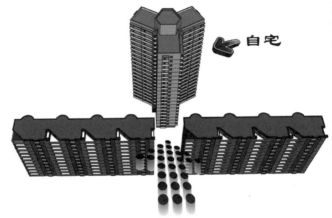

自宅

強烈氣流

● **條件：**自宅被高樓夾縫沖射到，因氣流被擠壓，使得自宅的磁場紊亂。

夾縫寬度越小、兩屋長度越長、兩棟高樓越高、夾縫與自宅接越近，其所受凶應也會越嚴重。

●**影響**：同壁刀煞剋應，但更為危險，因其可視為兩個壁刀煞。

1. 自前方沖射：車禍、血光意外、官司、破財、家庭不和爭吵、小孩不乖。

2. 自後方沖射：犯小人、血光意外、破財、損丁（生不出男丁）。

3. 自側方沖射：血光意外、身體兩側受傷、左方來傷男主人，右方來傷女主人。

●**改法**：同壁刀煞，但對公寓大樓而言，解法施做上有難度，應速搬家！

第3節　路沖、橋沖

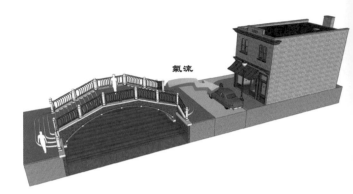

氣流

● **條件：**自宅四周有路、橋直沖過來，因本來平均受力的氣流，行進路徑被壓縮成一條路的寬度，強度增強數倍，影響到受沖擊的自宅磁場。

1.若路沖道路寬度比自宅寬，則不會造成凶象，反而可視為寬廣的明堂(當然亦要視所來的理氣吉凶與否)。

2. 就算是旺方的路沖且路比房寬的條件下，受沖之屋的左、右、後方都要有房屋，才可視為可居之屋。

3. 直沖的道路兩旁要有建物，如此才可將氣聚在一起，整排建物越長、越高則凶象越明顯。

4. 自宅前的道路寬度亦十分重要，若寬度夠寬是可以隔絕氣流、減低凶象的。

● **影響**：同壁刀煞。

● **改法**：同壁刀煞，公寓大樓自宅遇此種形煞，通常不可解，應速搬家！但前提是需注意您家的住宅，是否在前述路沖條件的影響範圍內喔！

第4節　反弓煞

● **條件**：自宅四周被道路或河流經過，
且剛好位於其弓形彎曲的外端處。車流
與河水需要在此處轉向，此處的氣流也
會較為急促且紊亂。

1. 如同路沖，道路兩側要有建物或大
樹聚氣， 如此才形成反弓煞，但若為
河流，則不需有建物，只要不加蓋（水
見到光），則一樣成煞。

2. 除上述氣流因素外，也會因道路彎
曲，駕駛若不專心而撞上自宅，造成長
居於此宅會擔心受怕，腦神經衰弱。

3. 如果為河流時，還需注意因水流長
期淘空地基而造成危險。河流越大、越
近，則往上影響的樓層也越高。

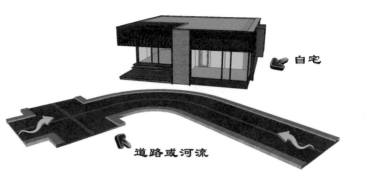

自宅

道路或河流

4. 一般而言，公寓式住宅越高則凶應越小，因為一樓馬路上的車子氣流影響不到（最多一～二樓）。但此處容易忽略的是道路、河流周遭兩旁的樓房高度(如條件1所言)；所以您所住的樓高需要高於形煞的高度喔！

●**影響**：家人不和、小孩不乖、犯桃花、意外血光、損財等。

●**改法：**若為水流，可以為其加蓋。但若為大河川，需視其距離而定，越遠、樓高越高，則越沒關係。若為道路，則可種樹擋煞，但種樹易遮住陽光及擋住自家氣口。

第5節　高架橋樑

● **條件**：自宅四周有高架橋、捷運等經過，由於車輛行經的高架橋會因車子廢氣、引擎喇叭聲等影響居住品質，尤其是位於上坡路段時。嚴重程度取決於路的大小、車流量、路的狀況（紅綠燈、坡度、彎曲形狀、隔音設備）等。

● **影響**：1. 與高架橋等高的樓層影響最大，尤其若位於反弓的彎處，則主發生意外、血光。

2. 比高架橋低的樓層，主有志難伸，陽光遮擋亦不利健康。

3. 比高架橋高的樓層較不受影響，但亦有腦神經衰弱等影響（如喇叭聲、車子上坡引擎聲）。

●**改法**：居於較嚴重樓層，建議搬家！
否則宜加強隔音、採光、空調等設備。
但若長期緊閉門窗，全程使用空調下，
除了電費高之外，也是不利健康的！

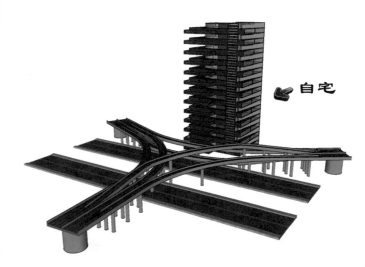

自宅

第6節　房屋缺角、基地不方正

● **條件：** 因為磁場與動線考量，房子地基以方正為佳，不規則狀佔整體比例越大則越凶。

● **影響：** 1. 若房子缺角小於三分之一則不算太壞，若大於二分之一則大凶！居家動線不良、桃花、脾氣大、個性古怪、身體差、多意外血光之災。

2.畚箕屋若屋前小屋後大，不利女主人（運勢、身體差）。反之，則不利男主人，且一代不如一代。

3. 建屋若成三角形，則有家人火氣大、火災、財運差、身體差等凶應！

4. 建屋若呈現扁長形，則家中人待不住、財運差、口角、身體差（尤其是肺

部）。

● **改法**：畸零地捨棄不建、改建成方正
地，合適的室內設計及裝潢或速搬家。

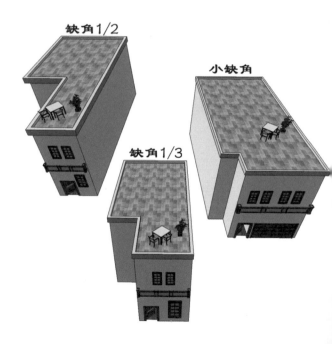

第7節　牌樓、廟角獸頭沖射

● **條件**：房子四周被牌樓，或是建築的
獸角等裝飾沖射到。

1.除了氣流改變的影響外，所謂「有形
就有靈」，形的影響也是因素之一。

2. 距離自家越近、形狀越突出，凶應
越大。

45

3.只影響到形煞等高或略高的樓層，視
形煞的仰抬角度到多高。

●**影響**：做店面生意不好、做辦公室人
員流動快、做住宅不平安。被沖射到的
該樓層住戶，更要小心血光意外、損財
等事。

●**改法**：1. 將形煞移走。

2. 若不能移走，則該房間不住人、門
窗關閉。

3. 符咒、八卦鏡等物或許可擋形煞的
「形」，但氣流卻還是擋不住。

第8節　割腳水

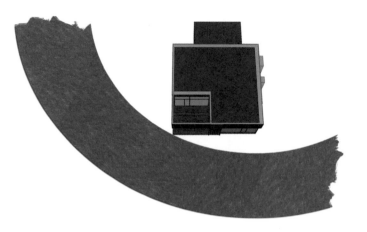

● **條件**：住宅離河流過近，河水流動容易沖刷地基，即便地基較為結實，水也容易滲透到地基裡，慢慢的破壞其結構，造成地基不穩等問題。此外住宅離水太近的低樓層，理氣的納氣則可能需

要再確認。

● **影響**：1.離水岸過近，濕氣過重，住
在此地形的人容易有風濕病問題。潮濕
或臭爛的地質，會導致關節炎、風濕性
心臟病、皮膚病等。

2.屋前有水對女生的運勢、身體不
利，屋後有水則對男主人不利，且不易
生男生。

3.影響程度與水流大小、水流湍急、
與自宅距離、居家樓層高度、房子有無
於反弓處等有關。

4.若屋子與水流有距離且位於反弓的
內處則稱為「玉帶環腰」，反而為吉！
因為位於反弓的內弓處，表示地勢略低
於其他地方，因此氣流自然流入宅內，
可以聚財。

●**改法**：此種形煞不可解，可考慮搬家。但住越高凶象越小，因此，高樓層住戶除了地基淘空的危樓因素外，應可不需過份緊張。

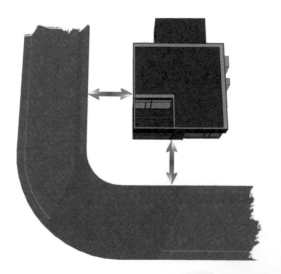

玉帶環腰示意圖

49

第9節　金形煞

- **條件**：因為五行中的金，其形狀為圓弧形。因此，住宅前有圓環或是圓弧形建物（如體育館等），或是自宅因貼著道路的形狀，而形成扇形屋，則統稱犯了「金形煞」。

- **影響**：1. 五行的金在中醫學中屬肺、呼吸系統，因此住在扇形屋裡的人會有呼吸系統方面的疾病。

2. 圓弧形的房宅要用作住宅的話，就會有諸多不利，有：家財多耗散、家人不和、家裡待不住、喜往外跑、紅杏出牆等。

3. 如果你面對的是圓環、反弓形的房屋的話，同樣會受到不利的影響（對事物的判斷能力有失水準，拿不定主意、做事三心二意、家人不和等）。

● **改法**：1. 扇形屋可當作店面、辦公室使用，不做住家使用。

2. 面對圓環、反弓建物的自宅，若樓高比形煞建物高則無妨；但若為較低或等高樓層的話，則需視與形煞的距離，可以用遮擋的方式減少其氣流！

3. 若是住家建物本身是因路形，而建成內凹的形狀，則凶象還是難避免。

第10節　斷頭煞

● **條件**：自宅被左右兩高樓夾住，樓差越高凶應越明顯。

● **影響**：住在這裡的人時時感受壓迫感，壓力大。常見的凶應為家中人待不住、吝嗇小氣、賺錢辛苦等。

● **改法**：若是一般透天宅，可以增建到與隔壁等高。建議自家的採光、通風要加強，讓其內部能量流通。

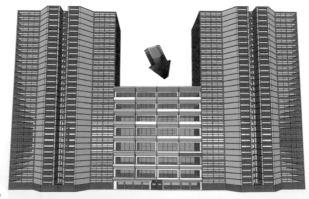

第11節　剪刀煞

● **條件：**房子建在分叉道路的兩旁，因為地基呈三角形，因此會有「火形」的不好凶應。若是房子建成三角形則更凶，整棟住戶都不好。

自宅

若房子不建成三角形，則公寓大樓住戶住越高凶應越低，因為車流造成的氣流、噪音等煞氣，越高越不明顯。

● **影響**：官司、火氣大、火災、車禍、血光意外等。一樓店面生意亦難做，建議做「流動型」的生意，例如擺賣水果等。

● **改法**：路口屋前的三角形建地，可種草坪、種樹不用之。或是空地出租成看板廣告使用，但如此也會擋住陽光或房子氣口，除非有段距離，請斟酌採用。

第12節 神前廟後

● **條件**：房子周圍有廟宇、教堂或是私
人神壇等。因為人們通常總是帶著沮喪
失意去廟裡膜拜，此能量亦會影響附近
居民。而不只廟宇，有關教堂、大樓內
的神壇也都會有同樣的情形。

1. 香火越鼎盛、距離自家越近，凶應

也越明顯。

2. 廟旁可做小吃、金香紙、中藥材、算卜、彩券等生意，但還是以做生意為主，不居此處為佳。

● **影響**：心神不寧、出懶人、婚姻不好、財運差，尤需小心廟角獸頭沖射的意外、血光等問題。

● **改法**：只做生意，不住在此地，或是有虔誠的宗教信仰，來克服此類孤寡的地氣。因做生意賺了錢的話，勿躁進做大投資、投機等事，要仔細評估。

● **條件**：房子被電線桿、大樹等遮住氣
　　口（門或窗被遮擋），較高樓層甚或
　　有電線、有變電箱在附近。氣口若受阻
　　（開門的45度角內看到），則進屋之
　　氣流會因形煞遮擋而紊亂，進而干擾屋
　　內磁場。而且形煞距離越近、密度越
　　高，越不好。

● **影響**：1. 因電磁波會影響身體，造成神經緊張、致癌，還會造成失眠、決策失誤等問題。其中以住在近形煞的房間影響最大，其他房間住戶次之。

2. 大樹若離屋太近會遮擋陽光及氣口，所謂「陽光不到醫生到」，會使人心情鬱悶、生病、常吃藥。而且樹根會破壞屋體建築造成龜裂，也易造成住戶有筋骨、血管等問題。

3. 門前有陰樹（李樹、桃樹、杏樹、柳樹、芭樂樹等）為不吉，主患精神疾病。

● **改法**：電桿電線煞：正沖的房間不住人。或督請政府電線地下化、遷移電線桿（至少需離開門、窗口的開門45度角範圍內）。如遇大樹，則修剪樹枝使

其不遮住陽光及氣口，但若要移開或砍除大樹，還是建議要先祭拜告知，並擇吉日進行，以求順利心安。至於形煞搆不到的高樓層則無妨。

居家外在常見的形煞

第14節　高壓電塔、變電所、基地台

● **條件**：房子周圍有高壓電塔或變電所、基地台……等，即構成形煞條件。科學及醫學研究上對於電磁波對人體的傷害已有證實，而且現今大眾也都有相對的知識。其中形煞的規模越大、電力越強、距離越近，則影響越大。

● **影響**：神經緊張、致癌、腦瘤、決策

60

失誤、破財等。

● **改法**：1. 若是辦公室或是居家客廳離沙發或座椅很近的地方有家中的電箱。為了減少變電箱電磁波干擾思緒，可向製鋁片工廠訂製0.2～0.3公分厚的鋁片，以雙面膠貼住畫後方，再將畫掛起來（不一定是風水老師的山水掛畫）。經實測可將原本3毫高絲的電磁波值降至0.6毫高斯。

2. 國外數據：居家要距離變電站、高壓電塔約方圓120公尺外才安全。

3. 若無法搬家，則需配合專業施工廠商，使用高低頻防護的油漆或布料、防護板等，將住家尤其是臥房、神位處的高頻電磁波低於5uW/m²，低頻電場低於5V/m ，低頻磁場低於1mG。

第15節　一屋獨聳

● **條件：**自宅高度高於附近的建物很多
（高於周圍住宅兩倍以上），因為四周
無遮掩，房屋任由風吹雨打，屋內磁場
遭干擾。住越高越嚴重！

若四周有約略相等高度的大樓（不用連

在一起），則獨聳的條件不成立。

● **影響**：1. 破財、遭盜、心性高傲犯小
人、凶案等。

2. 若為辦公室則有員工向心力差、賠
錢、事業運差等。

● **改法**：平時多修口、修心，以減低凶
象。此外，防盜、財不露白的觀念也不
能少。

第16節　凸形煞

- **條件**：房子陽台或是外型的突出建物的比例過多，造成外型上的突兀、不協調。

- **影響**：會造成長瘤、開刀等凶應（有遺傳體質者更是）。

- **改法**：將突出的建物拆掉或補齊。

第17節　屋簷煞

● **條件：**1. 他人的屋簷與自宅太近，造成形象上與氣流流動上的沖射；以有沖到的那一樓層才有凶應。

2. 但對屋的屋簷與自宅若有一定距離，則稱為「收逆水」，主居此宅有多餘的錢流進。「收逆水」距離，是從對方屋簷的尾端開始，再依此屋簷角度一路延伸到自宅，若剛好落至自宅的前方，不

造成沖射下，則可稱之「收到逆水」。

● **影響：**1. 屋簷太逼近，收不到陽光、氣流不通順，對於身體、心理都會受影響。

2. 若是宅前處有屋簷煞，則有氣度窄、賺錢少、小孩不乖等凶應。

3. 宅後有煞，則有犯小人、男丁少（生女機會大）、損財等凶應。

4. 視屋簷煞距離、大小而論凶應大小。

5. 若兩宅的屋簷過於靠近，則會遮住較低的樓層的陽光，對於底下的住戶而言，也是不吉。

6. 屋簷雨棚下雨時的聲響亦是聲煞噪音的一種，太近亦會造成鄰居口角與不和。

● **改法：**自宅若犯到屋簷煞，可請對方做微幅改善（如鋸短或角度更動）。

●**條件**：房住宅居於死巷內，因穢氣無法排出，造成住戶身體不好。但若巷子盡頭只是人車無法通行，氣流還是可通過（如旁邊為農田），則不構成無尾巷的凶應。巷子越長、車子進出越頻繁、

巷子越窄小，則穢氣累積越多凶應越大。

● **影響**：1. 住戶身體多病痛，而住越高樓層則越不嚴重。巷子越窄，穢氣越散不掉，則凶象越嚴重。

2. 若居於無尾巷尾端之住戶又加蓋採光罩、遮雨篷等，遮擋陽光及氣流，會使凶應更嚴重。

● **改法**：公寓不挑一、二樓住，並加強屋內通風設備。

● **條件**：住於騎樓、地下車庫進出口上方之屋，通常為第二層樓。

● **影響**：因為騎樓下方空曠，且行人、車子進出將氣流帶動，使住於其上毫無「地氣」可言。人會有睡不安穩、神經緊張、破財等凶應。

●**改法**：此間房間不住人，當儲藏室使用。如上頁圖，二樓較凶，而越往樓上則越不凶。

● **條件**：此處説的是常見於一樓為車庫，客廳位在高處，上下需有樓梯進出之宅。公寓大樓住宅很少有此設計，若是建在大樓側邊的逃生樓梯，則應該構不成「開門見梯」的條件。

● **影響**：宅氣外流，造成破財、開銷
大，嚴重程度以樓梯與門的距離與樓梯
陡度而定。

● **改法**：若為公寓式住宅通常不會遇
到，否則就住在較高樓層，不住一樓。
而透天宅則可做一個擋板設計或高一點
的地墊，阻擋宅氣外洩。

第21節　官帽煞

● **條件**：居家面對的建物屋頂形狀凹凸不平的，狀如官帽，因故稱之官帽煞。古人稱此煞易犯官司，其原因是有「形」的想像，因為古人的「草民心態」，因此「見官府」這件事就極為避諱，所以當自家建物看見同官帽形狀的

建物，當然不是很開心。另一個原因，則是風吹過此形狀凹凸不平的建物時，其所帶到自宅的氣流也是紊亂不平的，所以會有不好的感應。

● **影響**：1. 自宅與形煞樓層差不多，但距離遠，氣流影響不到，則無需緊張。

2. 自宅與形煞樓層差很多層，只是看到形煞而已，也無需緊張。

以上頂多是形的感應，非氣流的影響，所以官帽煞頂多是「見警率」較高而已，諸如遇指揮交通的交警、路邊臨檢、拖吊車……等，自己平常需注意不要違規即可！

3. 氣流影響感應較大，所以若是距離近，則會有易生病、意外的感應（類似壁刀的一種，只是壁刀較短、較小）。

●**改法**：現在一般新建大樓棟距都很寬，應該不會受對宅影響才是，都市中見警率本來就高，如上述所説，我們需小心不違停、酒駕、超速、進出不良場所等，如此凶應找不到我們了。

如果是氣流的影響，則需注意正沖對著煞的房間不住人，或是當客房使用；當然上述的良好駕駛習慣、出入場所也都要注意一下。

第22節　龍虎邊空缺

● **條件**：自宅位於邊間，左邊（或右邊）沒有遮蔽物的情況下成立。

1. 陽宅學稱的左邊（青龍邊）與右邊（白虎邊）皆以房子本身為主，從屋子本身向外看的左手邊為左邊，向外看的右手邊為右邊。

2. 自宅建物若是左邊空曠，由左方來的氣流、雨水等，會直接對房子吹淋，而影響磁場；右邊亦然。

3. 所謂空曠指的是，若兩旁的建物倒下來時，也壓不到自家樓層高度，則自宅的那一邊就稱為「無靠」，或是「空」。

4. 若是住宅後面沒建物則稱為後邊

空，也有不好的凶應。但是若是同棟大樓的前後坐向都有住宅，則此情形不構成後邊空的凶應。亦即自宅與後面的住宅共享一道牆，因此牆後面的住宅自然成為自宅的「後靠」。

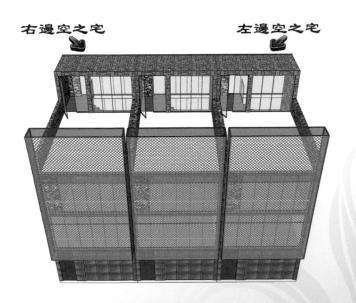

右邊空之宅　　　　　　左邊空之宅

● **影響**：1. 左邊（青龍邊）代表男生，右邊（白虎邊）代表女生。因此左邊空，代表男人無靠，男主人的運勢、身體方面會每況愈下；反之，右邊空，則代表女人運勢、身體狀況會越來越低落。住右空之宅，久而久之，男生會較強勢，也較懶惰。反之，住左空之宅，女生掌權，較強勢，但是男生外出的自信心、事業運較也不好。

2. 此外，左邊又代表自己，因此左邊空的住宅做為公司、辦公室用途的話，則代表客戶難搞定（俗稱：歹人客）、老闆管不住員工。若是右邊空的辦公室，則有員工無心上班、流動率高、信心不足等問題，尤以女性員工更為明顯。

3. 若是後面空的住宅，則沒主見、犯

小人、少男丁（生女機會大於生男）、破財等凶應。

4. 因此深受一般人喜愛的邊間之宅，並不是好的陽宅，雖然邊間多了採光、通風等優點，但還是弊多於利。最好之宅是左、右、後邊都有靠，而且左邊建物長一點（有利男生出外）。

5. 居住於此三～五年後，凶應會較明顯。

● **改法：** 1. 以床位有靠來改善。

2. 做決策時多參考別人意見，以免太陷入個人主觀。因為一邊的建物太長與空曠，都是過與不及的表現，因此，人的決策也會受影響而多有偏頗。

第23節　鄰宅高壓

●**條件**：自宅的前、後、左、右有高
於自宅兩倍高以上的建物稱之為「高
壓」。詳見以下說明：

1.「高壓」若為緊鄰的建物，則高壓成
立的條件為兩倍高度；比如本大樓為三
樓，而隔壁住宅為六樓以上，那麼鄰宅
則對我形成高壓！

2. 若高壓的建物與自宅不相鄰，則需
扣除兩宅距離後，他宅高度仍有兩倍
高於自宅高。比如：左邊住宅為八層樓
之建築，自宅為三層樓之建築，兩樓
相距約兩層樓寬。則依公式（8-2=6，
6≧3×2），因此左邊住宅已經對本宅
造成「左高壓」。「高壓」的高度越

高，凶象越明顯。

● **影響**：1. 自宅左方的高壓住宅，會對家中男生產生一股莫名壓力，因此會有身體、事業不順等影響。反之，若為右方高壓之宅，則會對家中女性產生不好影響。通常是住上三～五年才會較為明顯。

2. 前高壓之宅，會造成出門受阻之感、小孩不乖、小孩較笨、家人心情鬱悶等。

3. 後高壓之宅，會有家中人易生痔瘡、小孩不乖、家人心情鬱悶等。

4. 這樣的形煞，於公寓大樓的凶應不如透天厝，因為公寓大樓整體體積與重量較大，造成的壓力自然相對少上許多。所以，若您的公寓住宅不管是戶數，或是樓高等，都為較小規模的話，影響就較為明顯。

● **改法**：1. 有些書說虎邊高，稱白虎抬頭，家中女人較強勢，因此龍邊要放銅製的龍來鎮壓。這是錯誤的，因為右邊建物略高稱為「白虎抬頭」也是上述凶應但很些微，但是高度高了兩倍，則

稱為「虎邊高壓」。虎邊高壓對家中女人就較為不利。因為是不對稱形勢造成的，因此放銅龍也無法解，不可不知！

2. 住戶平時要有抒壓的方式，如運動、音樂、靜坐等等來減少精神上的波動。

第24節　聲煞、光煞

● **條件：**

1.光煞：自宅附近若有玻璃帷幕的建物或稻田、水池經由反光造成光害；或是自宅附近的霓虹燈光、招牌造成的光害。

2.聲煞：自宅四周有擾人噪音，而對人造成影響者，都稱為聲煞。如鄰居電視聲響、鐵軌、機場附近、車子喇叭聲響等。

● **影響**：1. 眼睛經由長時間光照射，脾氣易造成暴躁，睡眠品質也有問題，口舌是非也多。

2. 長時間的噪音會影響情緒及健康，尤其是該休息睡覺的時間有噪音影響者。此外，若有鐵路或高速公路從四周經過，除了噪音外，車子行經更會帶走宅氣，使得財運不順。

● **改法**：加強隔音設備（必要時用隔音窗並採取空調），加強窗簾遮光效果。

第25節　牆面有植物纏繞

● **條件**：自宅四周外牆上，有爬滿藤蔓植物者。

● **影響**：犯官司，若植物太茂密則陰氣、濕氣重。若開有鮮豔花朵者又主家中有人犯桃花。屋前左邊開鮮花男主人、大房犯桃花，右邊則女主人、小房。

● **改法**：將植物拔除即可。

第26節　小人探頭煞

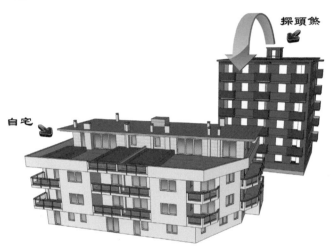

探頭煞

自宅

● **條件**：自宅前後看見凸出之建物或水
　塔，好像小偷探頭探腦窺探。

　1. 凸出的面積大小太大則不算。

　2. 凸出物的距離太遠所造成的視覺錯位
　也不算。

3. 所住的樓層低，被遮住而看不到探頭煞的，也不算。

● **影響**：所謂「前探出小頭後探出母舅」：

1. 自宅前看到探頭煞則家中出小偷、家裡遭竊。

2. 自宅後面出現探頭煞，則犯家中人桃花、家裡遭竊。

3. 若是神位看到對宅的黑色大塑膠水塔，則家中人易生病（形象感應：藥罐煞）。神位若看到對宅的白鐵水塔，家裡人有宗教信仰，甚至有人出家，嚴重時（反光嚴重時）會有血光之災（形象感應：像似和尚的光頭、刀光）。

● **改法**：將問題不致太嚴重，平時需加強門窗防盜設施。但若神位見到，則需將神位移動到看不到形煞之處。

● **條件**：自宅對面看見殘破之屋（如門窗破爛、牆壁破損等）或是久無人居住之空屋都是不吉利的。

● **影響**：見破屋主破財、犯官非；見空屋主陰氣重，易生病。

● **改法**：看見破屋應請對方將之整修補齊。而自家的顏色、採光等更應要採明亮設計。

第28節　退龍格

●**條件：**由自宅往外看，地勢越來越
　低。宅氣、地氣留不住而往前竄流。或
　是自家屋後增建的建物比屋前低（通常
　是增建廚房、倉庫等）。

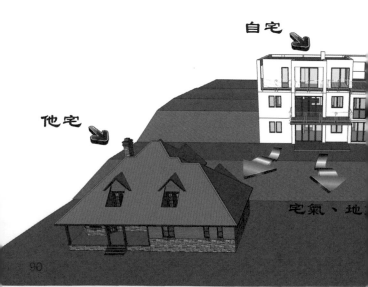

● **影響**：會一代不如一代、必須出外工作、錢留不住等凶應。高樓住戶住越高則凶應越小，而通常是透天或一樓的住戶才有可能在一樓多增建一隔間。此外，若是將房子建在山坡地上，則要小心土石鬆軟程度，以防土石流發生。

● **改法**：不挑低樓層去住，而且增建通常也會擋住消防逃生路線，需小心！

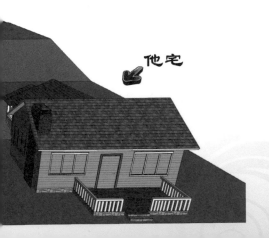

他宅

第29節 屋脊煞

- **條件**：自宅被周圍房舍的屋脊沖射到，因被三角形氣流影響，使得自宅的磁場紊亂。屋脊距離越近、長度越長、屋脊顏色若為紅色時，所受凶應也會越嚴重，尤其有火災、火氣大等凶應發生。對公寓式大樓而言，被屋脊正沖的那一樓層住戶較為嚴重，其餘樓層漸不嚴重。若住在屋脊煞另一邊的住戶，則可不用太擔心，除非如上述所遇的屋脊煞很嚴重時。

- **影響**：同壁刀煞剋應，但更為危險，因其可視為兩個壁刀煞：

1. 自前方沖射：車禍、血光意外、破財、家庭不和爭吵、小孩不乖。

2. 自後方沖射：犯小人、血光意外、破財、損丁（生不出男丁）。

3. 自側方沖射：血光意外、身體兩側受傷、財運不順。

● **改法**：同壁刀煞，可用木板、鐵片或水泥牆、種樹擋煞。

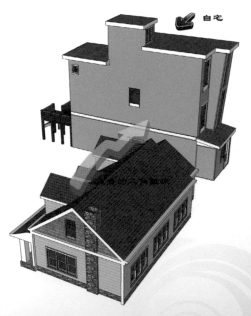

自宅

第三章

居家內堂
與格局

第1節　大門與玄關擺設

　　現今的公寓大樓中大門的方位與大小皆已固定，因此本節僅羅列數條設計、裝潢及一般常遇情形的部分。

1. 公寓自宅大門正對鄰居大門不可太近，否則為「相罵門」，心理上形成壓迫感。

圖：住宅門對門為「相罵門」。

2. 大門顏色忌深黑、深藍、紅色等，於

視覺上易形成壓迫感，或有火氣大、生怪病等凶應。

3. 大門不可使用子母門（左右都可開），主家人不和或肺部問題。

圖：**子母門**。

4. 大門直通窗戶或房間門，形成「穿堂煞」，會應驗破財與心臟問題。可做拉簾、拉門、屏風來遮擋。

5. 大門若有脫漆或損壞，應立即修補或更換。大門不可歪斜，俗稱「斜門一邪門」，主人品不正。

6. 自家大門對著大樓的樓梯不吉，對著往上的樓梯主坎坷，往下的主破財；但還是以相對距離、空間狹迫及樓梯陡峭情況而定。

圖：公寓自家大門開門見梯為不吉。

7. 自家大門對著大樓電梯門，俗稱「開口煞」，主是非不斷；但還是以電梯使用頻率、鄰居素質、與門的相對距離而定。

8. 大門不可為拱形門，主犯桃花。

9. 公寓大門若裝飾的比左右鄰居還豪華、高檔，則要小心遭竊。

10. 一般對於大樓式住宅的大門而言，因為此處不是進氣的主要地點，而且也並非一直打開，一般於進出後，都會馬上關住，因此門的方位不需太考究。

坊間有說門一定要開龍邊（左邊）或是子、午、坤、艮方不開門、三曜煞方不開門，都是不對的說法。門開的方向吉凶如何，應以屋內人所在的方位而定。

11. 當自宅大門被貼郵件招領單或廣告文件時，應立即撤下，因為極有可能是宵小的測試手法，測試這個住家目前有無人居住、上下班時間等。

12. 若家中人多或是可能過於吵雜時，大門應加上隔音玻璃、隔音條，否則易引來鄰居口角（尤其養有寵物時）。

13. 坊間常有掛山海鎮、凹凸透鏡、符咒等物來趨吉避凶，但是本來風水上沒事的，若親友鄰居看見這些東西掛於大門上，反而有反效果，不是嗎？

14. 承上，公寓大樓中，鄰居的大門上方若是貼有八卦鏡等避煞物，是不會對您有任何影響的，請勿驚慌。

15. 大門開門見廚房，主破財、爭吵；但現代公寓式建築無妨。

圖：公寓式住宅開門見瓦斯爐，其桌面應該要收納整齊。

16. 開門忌見鏡，否則會因剛回家時精神不濟，而容易被嚇到。

17. 公寓式大門，開門若見廁所其實沒有關係，但是廁所門要常關且需保持清潔。若有疑慮可加一屏風遮掩。

18. 公寓大樓的大門若遇橫樑壓門，其實也是常見之事，於吉凶沒影響。

19. 公寓大樓的大門若開門見餐廳，於風水吉凶沒影響。但是於用餐衛生上要小心。有一說此為錢財多耗之象，所以不妨留意自己的消費習慣，有浪費則改之。

20. 大門太大或太小皆為不吉，要適中。而且不必一定要迎合文公尺上的吉字。

圖：文公捲尺上的吉凶尺寸。

21. 大門若設在樓上的廁所下方或廁所水管經過，俗稱為「臭門」，主離異、損財。但現今大樓的大門坐向固定，格局固定，加上水管包覆於水泥中，不會有衛生問題，因此此條例可刪。

22. 獨棟式建築要留後門，若無後門空氣流通有問題，尤其是深長之屋。但要小心前門通後門之穿堂煞的問題。後門不蓋在屋後中心三分之一範圍內，易遭小偷。

23. 古人説門為陽、戶為陰，所以門要常開、戶要常閉。這是錯誤的觀念，只要是門窗，就要注意吉方常開、衰方常閉、空氣流通、引進陽光等大原則。

24. 大門開的方向也不用考慮主人生肖、八字喜好；如八字喜水就開北方之門，或是八宅派説的門要開在宅主命卦四吉方等論述，都只可以列入考慮而已，不用盡信。

25. 玄關為客廳與大門的緩衝部分，但並非每個住宅都有玄關的設計，公寓大樓若沒有玄關設計亦無妨。但是一般透天厝的大門為主要進氣之口，若方位不對則可利用玄關設計來改變氣流方向。

圖：玄關為屋內與屋外的轉換點。

26. 置於玄關處的穿衣鏡需小心擺置，否則進門或精神不濟時容易被嚇著。

27. 玄關附近的東西要擺放整齊，否則常會有踢傷腳、口角爭吵等情形產生。

28. 若玄關因風水考量而設計成狹小、動線不良，則結果反而適得其反！

擺放鞋櫃時，需小心異味及排放整齊，若可以的話，使用密閉式鞋櫃較佳。

30. 玄關內地勢若高於大門時，會將宅氣洩掉，但是可以用踏墊補齊，不需擔心。

31. 玄關顏色以清淡、明亮為宜，切忌有陰暗之感。

圖：玄關明亮、乾淨不緊逼。

第2節　客廳與陽台擺設

　　客廳為對內、對外感情維繫的重要場所，因此裝潢、擺設上的考量，也要納入風水的觀念於其中。

1. 沙發位置需注意壓樑的問題，可以利用靠枕來避免頭位在樑下。

圖：後靠的枕頭可避免壓樑。

2. 大型落地窗與其他門的位置要注意，不要形成「穿堂煞」。

3. 吊燈不要太突出，會有壓迫感。

4. 天花板高度不要過低（<220公分），壓迫感亦大。

5. 要避免「多張口」的掛圖（如百子圖、八駿馬），如此，家中的開銷亦大。

駿馬圖：生意場所、辦公室則較不忌。

6. 主人常坐的沙發要注意後面有靠（牆面或實物），尤其男主人則需左邊亦有靠。若椅子離牆壁的位子不恰當，則可使用茶几桌或擺放櫃子來當「左靠山」。

7. 不可陳設刀劍或猛獸雕刻品、圖畫，家中易有血光意外。

8. 大型魚缸易起潮濕，且擺放位置不對反而對於催財有反效果，弊多於利。

9. 家人常坐的沙發位置的「理氣」亦要做考量，對內外的門窗以納吉氣為吉方。

＊目前元運（～西元2043年）的吉方為：吸納乾氣（收到西北方的氣）、兌氣（西方）、艮氣（東北）、離氣（南方）。

10. 俗話說「明廳暗房」，客廳為家人常聚之所，因此不可堆放雜物、光線昏暗、空間狹小，如此造成不良的空間氣場，造成家人不和、個性不開朗等影響。因此，客廳採光或燈光必須要明亮、物品收納整齊，自然心情也較為開朗，家人感情和睦。

圖：明堂望出之景宜寬廣、不雜亂。

11. 客廳旁的大落地窗往外看為公寓式住宅的明堂，因此明堂往外看越寬廣，表示居住的人胸襟、前途也較寬廣。同時，亦要小心種植的花草盆栽太茂盛，而遮擋陽光或進氣且易造成潮濕。

圖：陽台植栽不可太擁擠。

12. 冷氣空調的出風口需注意人的方向，否則容易頭痛感冒。

13. 除非特殊需求，否則客廳選用色系，亦不宜使用紅、粉紅、紫、藍色等。

天花板的橫樑、邊角若太過凸出的話，會影響氣場流動及造成視覺壓力，可設法以裝潢化解。

15. 沙發後掛圖不可為瀑布、流水等圖，否則稱為「淋頭水」，主頭痛。

16. 客廳內的裝飾品如字畫等，要符合自己的身分地位。如任職於文教業或讀書人，房間掛關公、財神等掛像，則不為適合。

17. 牆壁破損或油漆有脫落、壁癌粉塵等，主身體不好，易犯皮膚病。

18. 日光燈管若為凸出式，則方向應與家中的大落地窗方向垂直，不應朝向落地窗方向。

圖：日光燈方向與房子坐向應為垂直。

19. 客廳陽台處不應擺放、收藏大型石頭，否則擋住氣口，家運亦不順。

20. 客廳陽台不種有刺的花或仙人掌主皮膚怪病。

21. 客廳陽台的空間不堆放雜物、並保持乾燥，若有寵物請移至他處，以免家中衛生問題產生。

22. 佛像、神明掛圖等請勿收藏於櫃子裡，若家中無法擺飾，則應送往他處處理。

23. 很多古董都附有外靈，所以帶回家的古董飾品，最好於陽光下曬一天一夜以上，或請人處理過後，才安全。

24. 財不外露，一般保險櫃或貴重物品，勿置於客廳明顯處，以免遭竊。

25. 一開門即見客廳為較佳設計，若需經過房間、廁所、廚房等才能通到客廳者，實為不吉。

26. 空間配置上，客廳範圍較為大，若房間設計比客廳大時，則無主體、客體之分。

27. 若家中坪數不大，則廚房與客廳最好要有隔間設計（非開放式廚房），否則主家中開銷大。

圖：開放式廚房可設計吧台做區隔。

28. 客廳、寢室、書房的金屬家具要少，因為身處在鋼筋水泥大樓中，身體、精神上已經受金屬影響、干擾磁場了，所以更不應該添增過多的飾物。

29. 客廳與其餘房間的動線設計要流暢，因為此為全家常聚之所，要拐彎繞角的設計，會造成口角與不便。

30. 客廳開門見梯不吉，尤其是螺旋形的梯子，氣場混亂、不利心臟、犯桃花。目前常見於夾層屋的套房式住宅，要設計有擋遮之物化解之。

圖：常見的螺旋形梯造型。

第3節　臥房擺設

　　人一生中待在床上的時間至少為三分之一，因此居家風水最為重視的，莫過於臥室的部分。

1. 床位不可壓樑，有男主人時，其床的後面及左邊（躺下來時的左邊）要有靠，若只有女主人而已，則後面及左邊有靠或後面及右邊有靠都行。

「有靠」的意思是有實牆、床頭櫃⋯⋯等，床要貼齊它們，產生有依靠的感覺，增強潛意識的安定感。若是壓樑的情形發生時，要裝潢將天花板補平，只裝潢將樑柱包覆成圓弧狀亦不行！

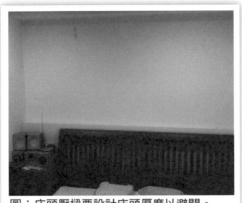
圖：床頭壓樑要設計床頭厚度以避開。

2. 床底下不置雜物，要離地40公分以上
為佳 ，否則穢氣無法散掉，而造成腰
酸背痛。因此，現在有一種床底下設
計成可以收納棉被、雜物的床架，是
不利於健康的。

3. 臥房要安靜，空氣要保持流通，因
此，睡覺時不要將所有門窗關閉，要
留一縫隙對流通風。

4. 臥室（地板及牆壁）顏色不宜五顏六色，顏色宜採淺色系，尤其有些女性喜愛粉紅色系，更不吉，會造成火氣大、口角紛爭。

5. 小心更衣鏡擺放位置，不要對床頭、床尾及門口（會嚇著）。

6. 臥室不高堆雜物，主壓力大。

7. 若有衛浴同一起之套房，需加強除濕及衛生問題。

8. 房間內擺放娃娃，開銷較大，口舌是非也較多。

9. 主臥房不宜與神位同一道牆，因為容易對神明不敬（男女之事）。若無法避免，則神明可擺至神櫥、神龕內（如此才有後靠），而此櫥櫃不可貼

牆，否則仍有震動影響神位；而因為
沒貼牆，所以要特別注意，櫃腳左右
不要擺成歪斜，要與牆面對齊。

圖：神位後若為臥房需要特別注意。

10. 地下室及樓梯下的空間不可做為臥
房。

11. 廁所門沖床位，主腰酸背痛，但是若可克服潮濕及排風問題則影響不大。

12. 吊鈴、魚缸馬達、大型擺鐘等會有聲響的東西，最好不要擺，易患腦神經衰弱。

13. 床頭與房門同一面牆，稱為「反睡」，睡眠品質不好。因為無法得知進來的人是誰，久之，會有腦神經衰弱。

「反睡」示意圖，床離門越近越不好。

14. 冷氣空調的出口要小心，需避免對人直吹，易患頭痛感冒。

15. 臥室的門與窗戶要小心呈一直線，稱為「穿堂煞」，身體財運都差。

16. 床頭開窗，易犯小人、人沒主見、頭痛感冒。

17. 房間內最好不要擺放太多個人收藏品，如石頭、娃娃等，個性較古怪且易起口角。

18. 若有桌角、櫥角、很突出的柱角沖射到床（尤其是枕頭的位子），會睡不安穩、身體差。因為這樣會造成氣流紊亂，進而影響健康（壓樑的原理亦同！）

19. 臥室不可太大，會睡不飽；臥室不可

太小，會因壓迫感而無法放鬆。

20. 廚房門沖臥室門，古法説不利健康；但現已沒燒柴薪之爐灶了，而且食物都放置於冰箱內了，所以無妨。倒是廚房油煙要抽乾淨，否則長期下對身體不好。

21. 俗話説：明廳暗房，所以臥室光線不宜過亮，如此才有利睡眠品質，但也不宜太昏暗，可置床頭燈做臨時閱讀燈使用。

22. 空氣要有流通，就算是開空調冷氣時，也要留一點縫隙，否則不利健康。

23. 如果可以，臥房不要放電視，也不要將工作帶進來，睡前半小時腦袋要淨空，過多刺激容易造成失眠。

圖：床位對門只管形與氣的吉凶，不用理會「扛出去」的凶應。

24. 床頭離房門過近亦不吉，因為開關門會將頭附近的氣流帶走，不利健康。

25. 睡覺枕頭位置的「理氣」亦要做考量，對內外的門窗以納吉氣為吉方。

  *目前元運（～西元2043年）的吉方為：吸納乾氣（收到西北方的氣）、

兌氣（西方）、艮氣（東北）、離氣
（南方）。

26. 一般人喜歡將床擺放在中間（床的左
右與牆壁的距離等距），如此形成
「龍虎鬥」，夫妻間誰也不讓誰！

圖：龍虎鬥—床位左右邊等長，夫妻間誰也不讓誰！

27. 床頭上方擺放山水圖畫，為「淋頭水」，主頭痛、不利生育，掛猛獸圖亦不吉。

28. 床位上方的燈具不宜突出，原理形同壓樑，不利身體健康。

29. 臥室不宜貼長毛地毯，容易潮濕發霉，同時不利氣管，若有嬰兒小孩時更嚴重。

30. 兩間臥室的門相對，主口角；若有三間房間的門相對，形成「品字」狀，也是主口角。

31. 臥室內盆栽不可過多，造成潮濕及氣場混亂，多病痛。

32. 床頭不掛吊圖或婚紗照，是因為會有掉落的精神壓力，睡不安穩。而且晚

上起床迷糊時會感覺看見人影，也有嚇到之虞。

33. 床不可任意搬動，需擇吉日搬動才吉，尤其是有孕婦，若要搬動還需安胎符，以求平安。

34. 不可因為要配合八字，而將床斜著放。

35. 現今住宅的床鋪下有化糞池、水管都無妨，因為有水管及水泥包覆，不會有衛生問題產生，但要小心，若可聽見沖水聲，仍屬不吉，會患腦神經衰弱及損財。

36. 含衛浴的套房，需小心廁所門沖床位（尤其床頭），會有腰酸背痛等問題。其實若將衛浴的濕氣處理好，上

述問題應該不算嚴重。但是還是會有睡眠品質受影響等問題，因為他人如廁時的開燈、沖水都還是會影響到。

37. 臥室門沖到廚房、沖到瓦斯爐、沖到冰箱等，其實於現代建築都沒關係，因為現代廚房已無柴薪、灶口，現代冰箱也是緊閉衛生的。

38. 臥室不宜擺太多沙發，主夫妻感情不好。

圖：臥房多椅會口角。

39. 臥室門口忌沖神位，如此有不敬之嫌。

40. 有人說臥房擺紅色鮮花可催桃花，是有心情愉快的暗示效果沒錯，但是不可擺假花，而且花即將枯黃時需趕快更換。

41. 房子的變電箱不設計於臥房、書房等地方，否則影響睡眠品質與身體健康。

42. 臥房宜方正，畸形與缺角的房間不可做為臥室之用。

43. 俗話說：「房中房，家中必有二房」；臥室內再隔出一間房間做為其他用途，可能做為書房或是更衣室使用，嚴重者還會再放一個床鋪於此，這都屬於房中房，其暗喻家中會有桃花、劈腿之事。但這些陳述實待考證，我想只是古時達官貴族有錢、房間也大，所以會多出空間來挪做他

用。而原本有錢男人弄點花樣的比例也高，所以就有此說法。現今房間設計多為有小更衣間的主臥，難道每戶人家都會有桃花事件嗎？

44. 臥房不設於騎樓上方，懸空不實沒有地氣。

45. 床墊、床架如果可以選擇，不要挑選有金屬材質、填充物的。因為金屬會干擾磁場，不利睡眠品質與身體。

46. 婦女有身孕時不要隨便更動床位，也不要睡很低的床舖，床下亦不能雜亂。

47. 為了配合命格有利的方位而將床斜放是不智之舉。

48. 床單被套顏色不拘，也可以選擇對自己本命有利的色系。

第4節　小孩房擺設

　　現今的小孩都是父母捧在手心的寶貝，因此以往不重視的兒童房，如今都是裝潢設計討論的重點之一。

1. 小孩房間粉刷顏色不宜粉色、不貼奇怪的動物圖像（如怪獸、恐龍等）與五顏六色的壁紙。

2. 書桌離床太近，讀書會想偷懶。

3. 床及讀書處不可壓樑，身體差、讀書運亦差。

4. 書桌面向廁所，考運不佳。

5. 小孩的玩偶若有損壞，應立即修補或丟棄。

6. 小孩床位後面要有靠，而左右無靠較

沒差（上國中前）。

7. 書桌採光要注意，不足或太耀眼都會心浮氣躁。

8. 玩具與書房應分開擺置，小孩讀書易分心。

9. 小孩房不養魚缸與寵物，身體差、讀書亦不專心。

10. 房間不放置風鈴等物，易分心與腦神經衰弱。

11. 有一種底下為書桌，上面為床的設計組合，除了需考量天花板高度外，這樣的設計在風水上是不吉的；因為床下有雜物又太高，而且讀書時又有壓樑的疑慮；尤其是小孩若是晚上如廁時，更有可能跌落下來，十分危險。

圖：省空間設計的床組適合小孩上國中前使用。

12. 書桌前不可有高物堆放，有壓迫感。

13. 其餘小孩床鋪擺設部分，請參考前述
的臥室篇。

第5節　浴廁擺設

　　梳洗、排泄等行為每天都一定會發生，因此居家浴廁雖僅佔極小的空間，具有衛生觀念的現代人，可是非常重視呢！

1. 廁所若與廚房同面牆壁沒有關係，因為現代的廁所已經是用塑膠管路包埋，且牆壁也已都是水泥牆了，所以沒有衛生問題產生。

2. 廁所門不正對大門、神位，主是非多，雖然可以用屏風遮掩，但神位還是盡量避免之。

3. 廁所（馬桶口）不能位在房子的十字線上，主不順。

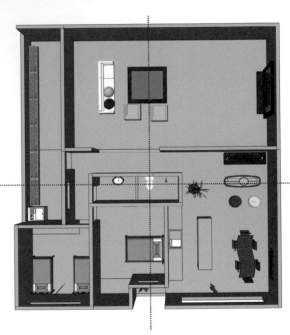

圖：廁所位於房子十字線示意圖

4. 廁所不可設於神位後，或廁所門沖射到神位，主人不安穩、不名譽、犯小人。此外，神位聽到馬桶沖水聲，也主神明待不住，家中易損財、不平安。

5. 若廁所沒有窗戶，則宜加強抽風、除濕設備。此外亦可在廁所放置海鹽一盤，若海鹽潮濕結塊時再行更換。這是提醒您空間潮濕的一種指標，而且鹽也有淨化空間磁場的功能。

6. 廁所沖床位，主腰酸背痛；廁所門沖書桌，小孩讀書坐不住。

7. 若有老人或行動不便之人，浴室、廁所內的防滑或扶手的設備也需考量。

8. 浴廁廁所口的吸濕毛毯需常清洗，關係家人健康甚大。

9. 現代建築中，廁所門與廚房、瓦斯爐、冰箱相對沒有關係，除非距離非常靠近。但仍須以衛生問題為考量，如廁完需馬上沖水與蓋上馬桶蓋（沖水時會將細菌沖出，需要蓋上馬桶蓋）。所以若參考古書說的：「廁所門與廚房相對，則一定不可居住」，其實若您衛生觀念正確，是沒有一定要搬家的必要的！

10. 廁所之馬桶坐向沒有硬性規定，以方便使用為原則。有風水師說馬桶不能於西北方，或與住家坐向一致，否則都屬不吉、會長疔瘡云云。其實以上全為謬論。因為現今的抽水馬桶已非以前茅廁，全無風向、坐向考量。而古時的茅廁需要考量方向性，也幾乎

全是衛生上的考量居多。

11. 古人說：「龍怕臭，虎怕鬧」，指的是家中龍邊（左邊）不能建廁所，虎邊（右邊）不能開門。其實這是指古時坐北朝南之屋而言，而現代建築則不能以此從一而論之。

解說：中國大陸喜歡建造坐北朝南之房子，而且大門喜歡開龍邊（屋子左方），是因為中原地方，冬天吹西北風，夏天吹東南風。因此冬天時吹的冷風就不會直灌屋子，造成感冒。而夏天時所吹的東南風，若是因為廁所蓋在龍邊的話，則臭氣不就直接吹入家中？尤其夏天更因天熱的關係，易有蚊蟲、惡臭產生。而若是門開虎邊，則因為夏天悶熱，沒有自然風吹入宅中，古時候又

沒空調電扇容易生病、食慾不振。綜合以上所說，因此才「有龍怕臭、虎怕鬧」的說法。

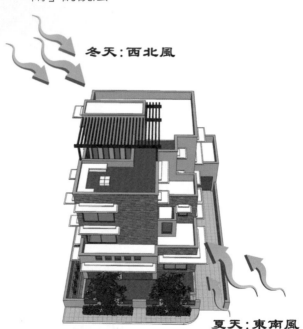

冬天：西北風

夏天：東南風

圖：坐北朝南的房子示意圖

在現今的台灣地區，幾乎所有坐向的房子都有人居住，而且浴廁、大門的擺放位置也都不一樣，那麼參考古時候的説法，您覺得還適當嗎？

12. 廁所門沖辦公桌主坐不安穩；廁所門沖金庫口主漏財。

13. 廁所不宜建在房子正後方，後方主龍脈，主生暗病或不明疾病。但以目前公寓式建築而言，還是以整體房間分配而論，所謂「一物一太極」，因此每間房間都有自己的吉凶，不一定屋後建廁，其後方來氣一定就會受影響。

14. 現代建築中，浴廁門沖房間門沒有關係，切勿擔心，不需大興土木改門、改隔間。除非廁所靠床位、書桌很近，加

上個人衛生差、浴廁除濕、抽氣系統不良等因素，導致穢氣、潮濕影響身體，進而造成生病、精神不濟。

15. 浴室內的止滑墊與坐椅，需要時常清洗與乾燥、除霉，否則亦會影響健康。

16. 浴室內若有小孩的玩具，請找一處收納整齊，否則易因滑倒或不小心而受傷。

17. 衛生的考量下，貼身衣物不置於浴室過久（如過夜），否則容易因潮濕而滋生細菌。如果是貼磁磚的內嵌式澡盆，則最好選擇大磁磚來貼附，否則會因磁磚接縫多，因潮濕而易生細菌。要不然就要常常清刷它。

衛浴小馬賽克磁磚要常刷洗，易生細菌。

18. 有一說：浴室不宜設在自家的南方，
因為南方屬火，而浴室是屬水，容易
造成水火不容，不吉之象！ 其實這是

無稽之談，不需理會！否則現在幾乎
都是建商統一建造的房子，豈不是大
家都是統一吉凶？ 那還需看風水嗎？
同理，之後如果您再聽到如以下似是
而非的說法，就可以依科學判斷，這
論調正確與否了！

「浴廁不能在西南方（坤卦，五行
屬土）、東北方（艮卦，五行也屬
土），五行中土剋水，所以這兩個地
方不能放置浴廁。」

19. 浴廁大小應以居家面積大小為考量，
若浴廁太大太豪華，則家庭經濟易受
阻礙（奢華心態所致），而太小又有
小氣、壓迫等心理作用。

20. 浴廁置放常綠植物，可讓心情放鬆愉

悦。但此處光線通常是最幽暗的，即使種植黃金葛、萬年竹等室內植物通常生長也都不會太好。要長保室內植物的生命力，是需要定期將之移到戶外光線充足的地方行光合作用。

圖：黃金葛等耐陰常綠植物。

第6節　廚房擺設

　　古代風水家特別重視廚房與灶向，認為是代表食祿之所。而今人用的是瓦斯爐且很多廚房幾乎是不開伙的，因此現代風水論法自然也大相逕庭。

1. 爐灶盡量不與水槽、冰箱相對；依照古時的論法，如此容易產生細菌，但是現在的自來水與冰箱（古時為菜櫥，容易因爐灶熱氣造成食物腐敗）都沒有衛生問題，所以此例可刪。

2. 爐灶與水槽呈L型，易犯桃花；但此現象較不明顯。

圖：爐灶與水槽呈L型。

3. 煮飯的地方後面不放低的櫥櫃，無形中會有壓力存在。

4. 開放式廚房會有花費大的剋應。

5. 左邊為火爐，右邊為水槽稱為「吃龍水」，有易吃藥或健康食品的剋應，但此現象亦較不明顯。

圖：一條吃龍水。

6. 爐灶與神位相沖會有火氣大、不聚財的情形產生。

7. 爐灶壓樑也要小心灰塵掉落等衛生問題。

煮飯時，人不可與房子同向（亦即人不要對門，看到人進進出出），主家人不和。

9. 古時稱廚房為財位，是取其「食祿」之意，若廚房沒食物，則此家人應該沒什麼錢。但現今很多家庭並不開伙煮食，而且就算有煮食時，人待在廚房的時間也不多，因此風水上略有瑕疵是無妨。

10. 一般家庭的廚房與餐廳不宜在同一空間，宜隔開較佳。

11. 廚房爐灶上橫樑壓灶，不利婦女健康。其實原因有二，古時樑高很少清刷，若有灰塵、小蟲從樑柱掉落則易飲食不潔；另一原因是古時婦女長時在廚房，橫樑壓也是不利健康。現今下廚時間少，而且瓦斯爐上方就是抽油煙機，所以比較不會有此問題。

12. 瓦斯爐的坐向沒有硬性規定，需合八字的說法更為謬論，不需理會。

13. 爐灶最好後方沒有空曠空間，否則主身體不適、不聚財。

14. 爐灶（現為瓦斯爐）上方或旁邊有開窗時，要小心灰塵、日曬等衛生問題。

圖：注意衛生及爐火熄滅等問題。

15. 爐灶下方有溝渠、水管等，於現代式建築而言無妨，因為沒有衛生問題。

16. 廚房（尤其是食物料理處）若對著浴廁門主腸胃有問題。

17. 廚灶（瓦斯爐）沖牆角主家人腰酸背痛；其實這凶應並不明顯，勿驚慌。

18. 廚房動線要流暢，電器、碗盤收納要有定位，否則易家人口角，甚至火災意外發生。

19. 爐火正對冰箱，古時稱為「冷熱不合」，腸胃易有問題；其實這凶應並不明顯，勿驚慌。

20. 有一說：「供水系統必須由屋宅前遷入，由屋後排出」。其實此說是「收逆水」的意思，表示此宅地勢較外面低，因此水會如此流動，也因此住此屋會聚財。但是，現代公寓式建築已無此論法了，況且我們很難改變大樓的管路配置。

21. 灶台不可安於前後陽台之上，因為油煙易飄散於房中，且有衛生問題。

22. 廚房門對著房門，古人説對女生不好，其實應該是對住房間的人不好。但是凶應亦低，不需緊張。反倒是要注意抽油煙機的效能，否則油煙味直入房間，健康上真的就不好了。

23. 瓦斯爐緊鄰水槽，或是瓦斯爐與水槽相對，稱為「水火相射」，主多病痛或桃花。其實這凶應並不明顯，勿驚慌。但是需小心污水噴濺，污染烹煮中的食物，造成家人生病才是。

圖：水火相射一瓦斯爐對到水槽。

24. 有陽光射入的廚房（如開天窗、位於窗邊），調味品及食物要小心收藏，否則易腐敗。

25. 廚房風水論法多偏向於健康、衛生方面，而我覺得個人的衛生習慣影響應較為明顯。如：處理生熟食的刀具、砧板需分開使用，廚房的廚餘、垃圾亦需時常清理清除等等。

圖：廚房應著重收納設計。

26. 古時候論法：「廚房不設於房後中央位置，會斷龍脈。」於現今的大樓公寓不需如此論斷。

27. 俗說一家有兩灶，主婆媳不和。我想婆媳不和原因很多，而且此論述有點倒果為因的味道。而目前建築也多無此設計，此例可刪。

廚房位置不需特別考慮宅主命格、生辰，因此造成居家動線不良，反而適得其反。

29. 廚房與浴室相對為水火相剋，不吉利。正統風水論法應該沒有如此說法，此例為「想當然爾」的論述。但若以飲食衛生的觀點來看，相對的浴室有抽氣、除濕設備實較為佳。

30. 針對廁所對廚房的風水問題，我們仍要以飲食衛生的觀點來看。加強個人衛生習慣、除濕、除臭設備，才是風水條例背後的真正含意。所以若廁所與廚房共用一道牆是不需緊張的，需要注意的反而是浴廁門的位置才是。因為水泥隔間病菌污水不會穿過，但門的開口動線卻會將病菌帶至食物中。

第四章

應用篇

第1節　商辦大樓風水看法

　　論商辦的風水，我們以兩個方面來討論：一是地點的選擇，二是室內的佈置規劃。

　　而一間公司的營運成敗因素很多，而且風水只是人生所有面向的其中一部分而已。企業的商業定位、大環境好壞，甚至負責人當時的運勢高低，都是決定事業成功的因素之一。在此，我們盡量寫出辦公室風水注意事項，希望靠著這些簡單的原則，至少老闆在layout安排上、員工在個人崗位上都有一個簡單的依循方向。

一、地點的選擇：

1. 挑選商辦坐向若要配合行業別、負責人生辰選吉亦可，但是要以納旺氣且不犯形煞的物件中再去挑選為宜，不可本末顛倒。

2. 外在形煞的看法如同居家風水，尤其是高樓型的商辦區較容易碰到的：如壁刀煞、天斬煞、孤高煞、地基不方正、兩高夾一矮、圓弧形建物、邊間住宅等。

3. 公司所在的樓層並無規定，基本上以使用上方便為主。坊間有以配合主事者生辰選擇層數的方法，只參考而已，不可當準則。其法來自河圖數：一六層為水、二七層為火、三八為

木、四九為金、五十層為土。然後配合生辰年五行，如屬虎的為木。因此屬虎的可選第六層（水能生木）、第八層（木木可以比旺），而不選第四、九層（金剋木）……餘可類推。

4. 辦公室前的明堂要寬闊無壓迫，停車要便利，如此財氣才會較旺。

5. 辦公所在附近環境要注意，勿選擇色情場所、賭博電玩、遊戲場附近，因為進出份子人多且複雜，員工也較無心於工作。

6. 盡量不選擇地下樓層當作辦公室，因為空氣不流通且陽光也照射不進來，人員易生病。

7. 公司可選左手邊較長，右手邊較短的

地點，如此才不會客戶、員工刁鑽難管理。

8. 非風水考量：考慮產業的群聚效應，周遭的交通狀況、供應鏈……等等。甚至若能去供應商、客戶處做拜訪時，您也可以依上述原則，看他們有無犯到這些風水煞氣，也許您可以小心挑選，而就此避免他人跳票危機呢！

二、公司室內的佈置規劃

1. 招牌、公司logo色調、公司取名等要考慮行業五行或負責人命格五行，以生旺為佳，不宜剋洩。

● 命格五行：可採生肖五行、命卦五行，或是八字喜好五行。

● 五行顏色屬性：金為白色。木為綠色、咖啡色。水為黑、藍色。火為紅、粉紅、紫色。土為黃色。

例：金剋木，因此屬木的行業盡量不要使用白色的logo與裝潢色系。

◆ 五行屬木的行業：與木材、植物有關之業，以及直向伸展性之行業。

◆ 五行屬火的行業：與能量、能源、發熱性等以及向上延展性有關的行業。

◆ 五行屬土的行業：與土地、石礦有關之行業，以及固定基礎性之行業。

◆ 五行屬金的行業：與金屬、金融有關之行業，及堅硬、尖端、延展性之行業。

◆ 五行屬水的行業：與水、寒性質有

關之行業，以及四散、向下流動性
之行業。

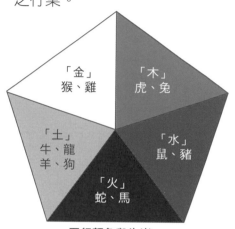

五行顏色與生肖

2. 內部座位的擺設以主事者為主，其他
為輔。因為不可能每個位置都是好位
置，所以公司座位安排必須以動腦
筋、主管、重要的功能負責人等為優
先考量，其餘如秘書、文書、聽候派

遣的工程人員、作業員則較無妨。我
不是說其他人不重要，因為公司成敗
的關鍵還是取決於某些人的腦袋，其
思考正確與否，不是嗎？

3. 同上，座位理氣的考量上以內、外氣
皆納旺氣為主，之後再配合別派如紫
白、八宅派為輔。當旺的卦位使用：
乾卦有利於領導統馭、兌卦有利於口
才、業務、離卦利反應快與名聲、艮
卦則是工作實在與流動率低。

◆ 八宅派考慮主管辦公桌置於本命的
   吉方位（生氣、天醫方等）。

◆ 紫白飛星派則考慮主管辦公室應設
   於屋宅的吉方（生氣、旺氣方）。

◆ 至於玄空飛星派，還要考慮屋宅建

造時間等因素，就又於選擇上更不便利了。

4. 注意光線要充足明亮、空氣對流，並以簡單佈置為主，切勿裝飾華麗、浮誇，惹人忌羨。

5. 辦公室大門外開門即見梯主不利財運，但若為了遮煞而擺放一個屏風，以致於人員進出時會因為屏風，而往左或往右分兩邊行走，則主人事不和。同面牆開兩個進出口亦主不和。

圖：屏風讓人自然分兩路行進。

6. 辦公室開門即見屋內廁所，主做事不名譽且破財，要遮擋。

7. 辦公室天花板要夠高不壓迫，使用內嵌式或不突出的燈具，否則容易造成壓迫感。此外天花板若有缺洞、突出需趕緊更換之，否則坐正下面的員工會產生心理影響待不住、易生病。

8. 辦公桌的左手（青龍邊）宜高宜穩，可以擺放重物，如電話、矮櫃、書籍、電腦等。而右手方（白虎邊）則宜靜、宜低，如個人小物品、筆架等。

9. 顏色心理學很重要，若辦公室較大、辦公人員較少，則略顯冷清。此時可選暖色系的地板、OA來搭配。如以下：

10 辦公桌注意壓樑、壁角、柱角以及一些尖狀、尖角裝飾物沖射到，犯小人、出錯、意外。

11. 一般文職員工的座位後面不可有人走動，否則易坐不住，易出錯也流動率高。而外務人員如業務、工廠巡視人員等則較不忌諱。

12. 公司規模大時，辦公室規劃可以添加隔間（partition），避免一覽無遺、直通到底，主口舌、部門糾紛。

圖：大型辦公室需適當隔間來增加效率。

13. 一般皆以素雅、簡單佈置為主，但不同公司有不同風格、需求取向，如創意類型的公司就可以多色彩、多休息、遊戲室規劃（如google），切勿一概而論。

14. 男性主管辦公桌的擺法，應在左方、後方有實牆可靠；而女性主管辦公桌的擺法，則是以在左方、後方有實牆可靠，或是在右方、後方有實牆可靠都可以。

15. 辦公室若擺放神位，則需注意並參考前篇的神位篇，或請專業老師前去看看，因為有擺神位如果旺的話是來的快，但如果是衰的話也是去的也快。

16. 金庫、收納櫃位置不於明顯處，一般書籍說金庫口要置於下手方（地勢低方），大樓式建築於同層樓幾乎都是平

坦的，因此不需考慮下手方。但是小心不要對著廁所、火爐、冰箱等，都是不吉利的。而堆貨的倉房可以設計於衰方，如此出貨速度反而會快。

17 公司若是有機器需操作或是設有實驗設施，則應與辦公區塊區隔清楚，以免危險。其實日本人的5S現場管理法就是「風水學」的一種，不是嗎。5S：整理（SEIRI）、整頓（SEITON）、清掃（SEISO）、清潔（SEIKETSU）、素養（SHITSUKE）。

18. 公司的財位看法如同住宅，財位找到之後，可以當作負責人的座位，有助業務發展。此外於財位上也可放置保險箱。辦公室要擺放魚缸催財亦無不可，位置

要置於元運的「零神」位置。而現今
為下元八運（2004～2023），因此零
神位置為坤方（西南方），因此魚缸
可擺於辦公室的西南方。但是要小心
此魚缸是否位於重要員工（如主管、
財管等）的座位後方，要避開才是。

第2節　小資套房風水開運法

粉領新貴「小資女孩」，泛述有生活品味的單身女性白領OL。在能力許可內，堅持一定程度的生活品質與品味。有固定的收入以及小小的積蓄，懂得活在當下並享受生活，嚮往流行思想。

而小套房雖然入手較易，但卻也因為空間較小、動線設計不良，而容易犯了一些風水上的問題。尤其是自己買來要自住的首購族「有巢氏」，就因為住到不好的風水，運勢也受到了影響反而成為了「衰人氏」。

因此，本文就一般套房風水常犯的幾項格局，跟大家做個說明，希望每個小資

族都能於購屋看屋時，先具備好基本趨吉
避凶的知識，避免憾事發生。

● 開門直對窗戶：

這種格局就是俗稱的穿堂煞，氣流直
接對流而去，不會在屋內停留。因此，居
住在這裡的人就容易有錢財留不住、身體
不佳等現象。

化解之法

1. 一般公寓式套房的大門僅供進出時使
   用，所以進門後馬上就關上，氣流自然
   不會直流而出，因此其凶應不至於太
   大。

2. 對向的窗戶若可以選擇打開的方向，則
   與大門呈現錯位的地方開窗。

3. 落地窗的窗簾選以不透光的材質，同時也可以保有個人隱私。

4. 若條件允許，可設計一個霧面玻璃當玄關遮擋，但要小心動線與活動空間。

圖：針對較小空間的套房，不透光的玄關、門簾較不適合。

● 開門見灶：

《陽宅集成》有云：「開門見灶，錢

財多耗。」亦即開門若馬上看見灶，火氣衝人，令財氣無法進入。但是很多套房式的屋宅，一開門一定看得到一個小廚房，有些還位在門口呢！總不能拆掉不用啊？

化解之法

1. 平心來說，若是開伙率不高的外食族而言，其實廚房只是裝飾用的一個家具而已，因此不需太擔心。

2. 新式建築的廚房因為不需燒柴，所以「瓦斯爐」與古代風水論述上的「灶」，是兩種不同的東西。因此，「開門見灶」是不適用小套房風水的。

3. 針對這樣的風水格局需小心的是：衛生與整潔的問題。因為廚具近門口會因為以下原因造成身體、運勢不好的影響：

擺鞋櫃有臭味問題；走道殺菌噴殺蟲劑；進門後衣服、鞋子亂丟，造成混亂感；廚房、流理台雜亂骯髒等。

● **餐廳廚房合併 ：**

小套房最容易在設計上將開放式廚房與用餐區合併，風水格局上犯了「財庫」與「消耗」不分的現象。造成住在裡頭的人會一直向外走動，消費衝動增加，影響人際與財運。

[化解之法]

1. 在有限的廚房與用餐區之間，放置一個高約100公分左右的平臺櫃來區隔，同時又不造成視野障礙。

2. 檯面整齊乾淨，若是能加點點綴，如

小盆栽、裝滿零錢或水晶的小聚寶盆
也無不可。

● **開門見樓梯 ：**

　　樓中樓式的小套房，最忌諱房間一開
門就見到樓梯口，開門見往上的樓梯主心
臟問題、前途坎坷、意外、破財等憾事發
生。

化解之法

1. 盡量將樓梯沿著牆邊設計而上，勿做
　 單片鏤空式的樓梯，而且要有扶手，
　 可以多利用樓梯下的空間做儲藏室。

2. 樓梯設計避開門對到的位置，或是設
　 計如屏風、玄關等隔牆來錯開。

3. 樓梯的大小、高度、轉彎的設計應符

合人體工學，否則上下樓梯不順運勢
也會跟著不順起來喔！

4. 坊間多使用五帝錢、風鈴等「金」屬
開運物來剋制樓梯五行的「木」。

● 鏡子位置錯誤 :

化妝鏡或落地穿衣鏡，置放在床正對面或是正對門口，此設計容易被鏡子裡的影子嚇到，使你神經衰弱，經常淺眠睡不好。

化解之法

十分簡單，您只需用布簾遮擋鏡子，需要用時再掀開，也可選擇打開關閉式的鏡子。

● 房內氣味夾雜 :

因為空間狹小與開放，因此房內的各種味道會交互夾雜，例如鞋櫃的霉味、垃圾桶的酸味、廁所臭味，再加上化妝品的香味，若是加上門窗緊閉通風不佳，就會

影響健康，接著行運受阻。

1. 加強門窗空氣的流通，早起開窗，迎接陽光與正氣，轉換心情與磁場。

2. 室內的佈置顏色、採光色調不宜太昏暗、奇特。

3. 瓶瓶罐罐收納整齊、髒衣服與垃圾不堆積。

其實開運很簡單，首先自己要養成好習慣，才能每天神清氣爽喔！此外，利用現代科技的空氣清淨機、負離子產生器等設備，也能達到空氣淨化的功用。

● **床邊有電器 ：**

根據電磁學的理論，一個電器用品只

要通上電流，就會產生磁場而影響身體健康。所以當床頭或床邊等與人長期相鄰的地方。若是擺放、使用電器用品，則會造成睡眠狀況不佳、腦神經衰弱……等等問題，進而影響人際關係。

化解之法

1. 大型電器（如冰箱、電視、音響等）避免擺在床頭與床邊。電器的線路要理清並用束口線固定好，避免雜亂。

2. 吹風機、烤箱、咖啡機、手機充電器、筆電平版電腦等物品，該是屬於廚房區、衛浴區、休閒讀書區的東西，於睡覺時就不要帶到床邊。

第3節　植栽的種植

　　很多朋友想要在家裡種植一些花花草草來提升居家品質，一般家中若有個小花圃是最好的，但一般居住於公寓住宅的朋友只能利用前後陽台來種植。究竟風水學上針對花花草草的小事情，哪些需要特別注意呢？

圖：種植花草可以怡情養性、增加氣質，也可添增居家活力與運勢。

一、不可種的植物：

◆ 仙人掌： 針刺植物，易犯小人，而且也容易造成皮膚癢等問題。

◆ 松柏類的小盆栽：除非是藝術品般的大師之作，否則這類植物原本需要很大土地與空間成長，但是人們卻將它們改良並種在小花盆中。

而根據人物感應，這樣會使人有「龍遊淺灘」之感，不利運勢。

◆ 假花假草：我們需要的是植物欣欣向榮的生命力，若是裝飾一些沒有能量的塑膠製品，倒不如擺置活潑的圖畫來的有靈動力。

◆ 門前忌種空心的樹，如木瓜。沒有節的樹，如香蕉。

圖：事實上仙人掌並不能防小人。

二、依環境空間要注意的事：

◆ 公寓建築的明堂，為落地窗台往外看出之處。因此陽台氣口處不種植大型植物，這樣會造成空氣、陽光的阻擋效果，而不利健康與前途。

◆ 透天之屋種植的樹木也不可離家太近，因為樹根會破壞建物，而且遮擋陽光也是不吉；犯之易有筋骨血液的疾病。

◆ 花草枯死應速處理，否則影響運勢。

◆ 家門前種植的樹木枯死，主出血症

人樹感應：屋前有菠蘿蜜樹，人會長瘤。

狀；若樹木長樹瘤、彎曲，則可能有地下水流經，造成磁場變化，此兩種情形需速將樹木處理掉為宜。（砍樹需要特殊儀式，否則易干擾附於其上之有情眾生。）

◆ 一般室內種植為耐陰的植物如粗肋草類、蔓綠絨類、黃金葛類、椒草類、萬年青類、竹芋類、蕨類等。這類植物有些只需水分即可種植，所以居家需小心數量過多，而造成「陰盛陽衰」、室內濕氣過重的缺點。

◆ 餐桌上擺花瓶插花或是花藝，是很適合的。但所選之花宜素雅不宜太過鮮豔與繁多，以免家

圖：餐桌上的花藝，讓用餐心情愉悅。

中犯桃花。

◆ 浴室、廁所的光線通常是最幽暗的，即使種植黃金葛、萬年竹等室內植物通常生長也都不會太好。要長保室內植物的生命力，是需要定期將之移到戶外光線充足的地方行光合作用。否則植物不健康，人們也會不健康喔！

三、招財、招桃花的使用：
（參閱附錄篇）

◆ 招財：於居家財位上擺上一盆葉大而圓的植物（如黃金葛），但不要看到根：不用透明玻璃容器裝盛。

◆ 招桃花：依個人的桃花方位，於房間桃花方位上種植適當植物。

第4節　居家色彩的選擇

　　家中的裝潢色調、家具顏色、窗簾床套，甚至掛上的照片畫作等，這些色彩都是種能量的振動，藉由我們的感官進入意識中，進而影響我們的情緒、行為與做事的節奏、思想角度……等。

　　古埃及、希臘人在很早就已經知道利用色彩來治癒某些疾病。而依照統計，托兒所中的色調若是冷色系的，小朋友心情較容易冷靜。而需要具有創意性質的公司，他們所使用的色調都是十分熱情且色彩十足的！

　　所以説，顏色在空間設計與裝潢運用上是最為重要的一環。而開運顏色的意義

在於，這個居家空間的使用性質與當事人的喜好間做一個取捨，色調顏色挑的對，則自然接收正面能量共振，身體健康、心情愉快——運勢自然大開！

● 冷色系：藍色、綠色、紫紅。

暖色系：紅、粉紅、橘、黃、棕色。

中間色系：白、黑、灰。

冷色系會讓人產生冷靜、寒冷、慵懶等感應；暖色系則會讓人有溫暖、熱鬧、活動等感應；至於中間色系，則讓人有平衡、品味感，但有時會有高傲的副作用。其實以油漆的室內色系來說，都是色彩相加之後的結果（如色卡編碼），如此才不會淪於傾向一端的感覺，如太過熱情亢奮而失

於冷靜思考。

● 過多的色彩會謀殺色彩，因此一個空間中，色彩不宜過多。況且現代人壓力大，我們都渴望侵略感較低的環境。此點可從新蓋高級旅社中得知，極簡風正夯。

● 紅色：五行屬火、南方，是代表熱情、活化、有動力、征服慾。因為刺激容易過量，也因此這種顏色不能放於居家的大塊面積上；反倒適合用於強調、點綴某些物件的地方。

而風水學上的火形煞，以三角形、紅色系為主。諸如鄰家一個三角屋簷或招牌上的紅色LED箭頭直指您的住家，那麼您家的火氣大與口舌是非不免，甚至會

引起火災。而房間、書房等需要專心與休息的空間，更不適合塗上紅色系（如粉紅、紫色），如此即是犯了火形煞，無法靜心與完全放鬆。

● 綠色：五行屬木、東方，是代表春天、草木欣欣向榮、生命開端的意涵。房子內部很少這種色彩，因為這也是屬於點綴型的色彩，價值在於戶外；反而是人們心理上極想引進外面綠意的花園世界，如買面對綠地公園的房子，或是於衛浴、陽台種植些綠色盆栽。

而風水學上點綴的綠色若運用得宜，是可以提高生命力的能量的。因此，適切的從屋外引進綠意或是種植常綠植栽（如財位等），其象徵植物的力

量生長、興盛等會與您產生良性的共振。

● 黑色：五行屬水、北方，是代表冬天、能量停滯、優雅、冷漠。絕對色系的黑色，現在常用於小的3C產品中，因為若是視覺上的面積不大，其可以帶來優雅感，但若是面積或物件很大，則形成的是停滯之感，可說是落差很大。此點可從黑西裝男明星走紅毯來看，若是一個人走，則具有個人風采；若一群人走則感覺像似告別式一般……。

因此，黑色也是不適合居家大面積塗刷的顏色之一，它是種輔助色，用來襯托白色之處。依能量的表現，我們將之應用於風水學上：黑色代表不吉

利，因此居家建議用灰色來襯托白色或光線進來之處，而非採純黑色系。至於外面的夜店、燒烤店的裝潢，反而適合使用黑色，因為強調黑夜、隱密幽暗的性質而蒙其利。

圖：設計得當時，黑色邊框能強調出主題。

● 白色：白色在五行上屬金、西方，是象徵純潔、秋天、輕盈、冷。白色在光譜上是所有顏色的綜合，所以可以跟陽光相符。白色有眾多好處，可反

射熱能、防蚊、給人乾淨之感（如醫師、廚師袍）；此外白色具有種正面與主導的能量，其既可讓基礎色彩增亮也可以讓整體空間有輕盈之感，所以居家的牆面的主色調幾乎都選白色（如：米白、象牙白等）。

居家風水的白色色調不宜選擇太過於白，否則會有冷漠、不真實感（如醫院般）或是造成頭重腳輕之感（如：屋頂顏色重於牆面、牆面重於地板……等）。

圖：廚房若用白色系，則有清爽、乾淨之感，主婦們處於其中較不煩悶。

● 黃色：黃色是包容的泥土色、八卦位處中央，於四季上是季節間的交界點。黃色具有包容、成熟、深思、母愛的能量，因此，我們出國時看見國外鄉村的老屋幾乎都是黃色的色調，一些皇家的房間塗色也多採黃色。

因為泥土的意涵為包容，所以以黃色為基底的顏色，最能夠調和出最佳色彩協調度，從橘紅一直到鵝黃色等，不管深、淺、配色、明亮……都不突兀。

至於黃色在風水學上的應用，可以調和原本冷酷的冷或人心，因此像國外有改建自監獄的民宿，若採黃色基底的色調，其陰森之感會消失；同理，若家裡或公司的某個空間是當作情感溝通之用，使用此色調有融化他人心

防的效果。當然，若家中有自閉傾向
的人需要治療，也可參考此色調。

● 藍色：藍色在五行上屬水，精神上象
徵神聖、清爽、深邃、空間感。人類
從海洋演化而來，因此潛意識中認為
此色具有原始性，其運用在房間裡，
讓人放鬆（是紅色能量的對比色）、
激發靈感、平和感、具有舒適回家的
感覺。

由於為冷色系，因此並非我們常用的
居家主色，反而都是加上其他色混出
的顏色才來使用（如常見的地毯是加
上灰色而成）；此外科技型、設計型
的辦公大樓裡也常用此顏色造出冷豔
時尚之感。

風水上不建議放藍色於學齡小孩房間、書房等，因為會產生慵懶、思想安逸的副作用，畢竟家裡不是度假的海島民宿啊！但是大片的藍卻可以放於浴室、廁所的磁磚、裝飾色調裡，畢竟這裡時間待上不久，且與使用功能上也與水的性質相符，又有抒壓之效果。

圖：大面積的藍色於居家只適合衛浴區。

圖：明廳暗房：臥房放藍色被套也可以，因為燈暗且此區域就是要放鬆。

利用顏色本身帶有的共振能量，運用於居家及一般場所的運用。依篇幅，我們只是介紹各個主要基底的顏色。其他顏色就是依各顏色的能量調和、比重而帶有不同振動頻率，讀者可以自行體會。

此外，命理學上尚有依本命五行的顏色，而推算出對自身五行能量有助益的顏色之方法。我覺得這可以應用於開運服飾、小物、公司logo、名片、招牌、房間點綴之顏色之上。

舉一個例子：倘若命中缺火，而將辦公室佈置成火紅色，然後您的工作又需要靜心思考公司營運事項……可知這非但無法開運，還會容易下了匆促決定喔！

因此，如何正確使用一個顏色是門學問，非是一般風水老師建議的某個單一因素而已（如命格）。這是要參考命格、顏色特性、房間大小、形狀、使用用途、民俗風情、各人喜好等因素。

第5節　店面風水的看法

　　其實一家店面生意要成功的因素也是很多，諸如商品良莠、人員訓練、品牌形象、商圈人潮、行銷手法等等，這些都與風水無關。在此，我們盡量寫出與風水相關的因素，供需要的讀者參考，但是除去風水因素外，建議大家還是回到基本面去思考，才可達到天助自助的功效！

1. 依照人潮行動的路線及水準視線分析，一樓較二樓的店面為佳。因為客人最容易上門，如果位在二、三樓，比較適合美容、美髮業、補教業、診所等行業。

2. 商店的收銀櫃台、老闆的工作檯要置

於收納旺氣的位置，其餘如顧客餐桌、顧客座位等則無須考量。考慮到賺錢、來客率時，一般以收外氣旺為主，如此若為一樓店面時，其大門開的方向、周遭馬路方向、周遭建物的高度、方位等，也很重要。

3. 商店的財位找法如同住家，需小心置放發熱器物，如電視、電腦、廚房器具等，財位要靜要不動。也要小心不設置廁所於財位上。

4. 一般而言地點因素是最重要的，諸如在國小旁賣高級皮包則不適合，所以商品定位是很重要的。舉例來說，住宅區開吵雜的營業性質（如卡拉ok），雖然人多，但是被檢舉的機會也高。

圖：找店面應依附近需求而決定。

5. 店面面寬依業種而定，不同的業種對賣場面積有一定的要求，但面寬更能決定是否能引起消費者的注意，因此之前形煞有一種扁長形的住宅，不適合當住家，但是當店面卻是無妨。

6. 前後臨馬路，因此前後都開門的情形很多，雖然增加曝光率與方便性，但須注意有穿堂煞、收納雜氣的缺點。

7. 大都市中店面所面臨的馬路不能太寬，否則車比人多，中隔島將馬路兩

旁人潮一分為二，不能聚集人氣。而且也不方便停車，因此臨路寬約大於20米時這種店面就不能進行小吃、理髮等小生意，反而需當房仲、辦公大樓、便利商店等生意。

圖：寬大馬路旁的人潮一般不多。

8. 一樓店面前的騎樓高度不要填的過高，如此不易聚財，且開銷較大。最好的高度在不淹水條件下，約略比前方地面略低，如此可獲如收逆水的聚氣、具財效果。

9. 店面方正不缺角，有利於店內動線安排與商品陳列。而且採光、氣流通暢亦要考慮。

10.參考先前的住家形煞篇（如反弓、高架橋、壁刀……等），店面選擇也要避之，此外周邊的環境如停車場遠近、單行道、交通便利性等非風水上的考量，也很重要。

11.一、二樓的店面時，要注意開門不見梯，設計以遮擋的裝潢。也要注意。

12.若使用的是燈管形電燈照明，切忌勿與店面坐向平行，要垂直，否則影響生意。尤應小心燈管直射神位。

13.做小吃生意等有抽風排氣的需求時，需注意廚房排氣出口，除了要有過濾

裝置外，於風水方位上可設置於衰方（東、東南、北、西北）。

14. 一樓店面位於整排馬路上的地勢高低也需考慮，可以將招牌置於下手方（地勢低方），則可將氣流導入一些進來店門口，如此也算有收到多餘財氣。此外，可以參考前篇的屋簷煞，若可利用對面的屋簷收到逆水，則亦是有利於財運。

15. 一般風水書籍還有考慮排水的問題，以各派的水法論之。我覺得因為現今建築物均為大樓式建築，因此水管已經埋於水泥之中，已經見不到水光了；因此排水只需考慮某些行業的臭味清除、聽不聽得到水流聲、積水等工程問題。

16.收錢的櫃台不對到廁所、火爐、冰箱。

17.神位不能對到廁所、突起物裝潢（如磨石子裝潢，長瘤）、冰箱（服務冷冰冰）、火爐（火氣大）、壓樑。

18.神位旁的牆壁不開窗開門，神位旁不設置電視、音響；神位視野較高，因此吊扇垂下的高度要小心，不要造成神明視野上的壓迫。

圖：吊扇沖到神位不吉。

19. 店面原址若有火災過，或是臨鐵軌旁則地氣、宅氣不留，生意不易長久。

20. 店面原址若開過應召站、色情理容院等場所，則易有穢氣聚集，若要重新開幕則需重新裝潢，尤應注意採光與通風。

21. 經常更換老闆、店鋪的店面，則最好避之。有些不一定是風水因素，有可能是惡質房東或滋事鄰居、這塊地不乾淨等因素所造成。

22. 長期沒有人居住過、兇殺、自殺之屋除了不宜當住宅外，也不宜購入做為店面。

23. 牆面破損、漏水需馬上修繕，否則有漏財之虞，承租之店面亦如此。

24.原本為兩間店面打通合併成一間，則大門不應該還維持兩個進出，主不和。

25.店面前方高而後面低矮，稱「過頭屋」，若居於其中主出孤寡、一代不如一代，但只當店面不居住，則凶象減低。

圖：店面前高後低的「過頭屋」。

26.一樓店面前方馬路坑洞也需請相關單位處理，否則易傷女主人、女店員，依坑洞大小、距離遠近而論。

27. 一樓騎樓停放機車擋住明堂氣口,進財量也受影響。尤以人潮不多的地方更明顯。

28. 一樓店面氣流最好有進有出,亦即前有大門,後面也應有窗或門,如此財氣才會循環,若無法開窗、門,就使用抽氣裝置循環或是空調。 但一樓店面的後門不可開在正中央,易招小偷,但可以加強防盜設施避免之。

29. 房間數目、樓梯數目不限奇數,不可迷信。

30. 明堂看出去45度角範圍內不要堆積雜物、垃圾、形煞,或前方住宅進逼。

31. 周遭畸零地可以一併納入店面經營內,但是前提是不將之納入屋宅建物

範圍（亦即建築物不包進此畸零地，顧客坐於室外），否則就算賺到錢也不平安。

32. 店面大門對著前面大樓的地下車庫進出口，造成大口對小口，不吉。

33. 一般房屋若位於十字路口處，因狀如兩腳開開，則主家中人較開放。但若是當作店面，則主店員較活潑、笑臉，這點可從連鎖咖啡店、超商的店員與客人的應對間可驗證。

圖：三角窗之店面，店員較為活潑。

34.女店主可以選擇左手邊住戶較短的樓房當店面，若為男店主則相反。或是若遇到左邊較短的店面，則可找女店員來服務；反之則找男店員服務。

35.若是想要生意好，則一般的祭拜不可以偏廢，如拜地基主、土地公等。

36.店面不可位於卦與卦的交線（中空亡線）上，小則生意不好，大則意外怪事、精神疾病。而二十四山間的坐山與坐山交線（小空亡），則無妨。

圖：藍線為中空亡線，坐向不可犯到此線。

37. 依八宅派看法，負責人的生辰（宅主命）要與店面坐向（宅坐山）要相配為吉，東四命配東四宅、西四命需配西四宅。若現實上能配合當然是好，但不需要執著此項規則，徒增困擾。

38. 一般有以道路當作水的看法，使用三合、九星、乾坤國寶等水法，檢視馬路是否為衰亦或旺。其實馬路帶來的是氣，應視為來氣而不是來水，因此，各派水法應該不適用。

39. 店面設計不宜一進門就碰壁，或是門開太小，都是不旺的表徵。而大門不開虎邊（右邊）會傷人、大門不開東北方(五鬼方)等都是謬論，大門應以收旺氣為考量。

40.店面、商店經營不以掛名負責人為主，應該是以實際操盤、主持的人為主，所以此人的辦公桌、休息室需要特別考量理氣方位以及壓樑等室內擺設。

41.有一說用到瓦斯的行業因廚房屬火、人潮屬水，水火不宜相剋，最好是以客人看不到廚房較佳，此說應可忽略掉了，因為現在反而流行起開放式廚房了，但是唯一要注意的是動線與清潔。

42.行業別與店面坐向不能掛上連結，諸如水族館的行業屬水，則不宜坐南朝北的店面，因為南方為火，如此則為水火不容；誠如我一直說的，坐向應以收納旺氣為考量。

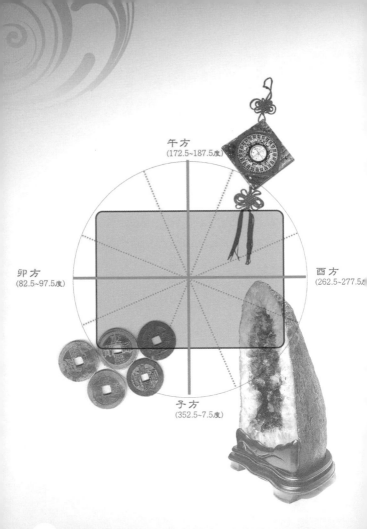

午方
(172.5~187.5度)

卯方
(82.5~97.5度)

酉方
(262.5~277.5度)

子方
(352.5~7.5度)

附錄

增福解煞篇

第1節 居家桃花位的找法

　　現代人想催桃花，也不全然是感情或婚姻的追求。有一些職業需要桃花的幫襯，增加自己的好人緣，才能將業務順利推動，譬如推銷、演藝、寫小說的靈感等等。

　　一般是從個人的臥室上取桃花位，因為桃花催化的時間也最久。

●專屬個人桃花位的找法

　　生肖屬猴、鼠、龍，桃花位置在房間的酉方（正西）。

　　生肖屬蛇、雞、牛，桃花位置在房間的午方（正南）。

生肖屬豬、兔、羊，桃花位置在房間的
卯方（正東）。

生肖屬虎、馬、狗，桃花位置在房間的
子方（正北）。

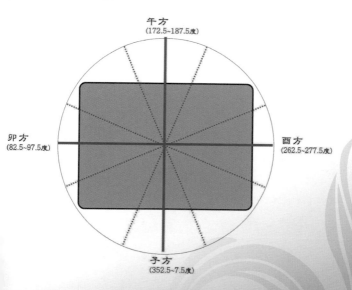

假設以指南針或羅盤量測方位，
得知本臥房此方為正南方

午方
(172.5~187.5度)

卯方
(82.5~97.5度)

酉方
(262.5~277.5度)

子方
(352.5~7.5度)

● 催桃花之法

1. 生肖屬猴、鼠、龍的人桃花位在房間的正西方,而正西方於五行上屬金,因此可以擺放如百合或是白色系花朵(如水仙)等等。

2. 生肖屬蛇、雞、牛的人桃花位在房間的正南方,而正西方於五行上屬火,因此可以擺放粉晶、紅、紫色花朵(如鳳仙、蝴蝶蘭)等等。

3. 生肖屬豬、兔、羊的人桃花位在房間的正東方，而正西方於五行上屬木，因此綠色植物盆栽皆可使用。

4. 生肖屬虎、馬、狗的人桃花位在房間的正北方，而正西方於五行上屬水，因此可以擺放藍色、黑色的花瓶，種植需要水植、水培的植物為代表。

5. 一般求桃花的做法：男生擺放紫晶，女生為粉晶，然後偶爾噴水讓其濕潤。

圖：坊間販售的粉晶七星陣。

6. 擺放以上吉祥物的日子，可以參考農民曆上寫有嫁娶、納彩吉課的日子。但是這個日子不可與個人生肖相沖。注意擺放之物：不壓樑下、不擺於不穩的地方、不擺於鏡子前（鏡花水月，虛假的感情）。

7. 時時想著好緣分、好人緣、好對象，則更事半功倍喔！

世人追求的財、丁、貴、壽,而財祿永遠排在最前面。俗話說:「君子愛財,取之有道。」這個「道」字廣義來說,也可以說是順應自然風水引進而來的財運。

●財位的找法

我們依據紫白飛星一派的說法,可將屋宅分為八個分類,而各類屋宅的財位則如下表所示:

八宅分類	宅紫白財位方
乾宅(坐西北向東南)	南方、中央、西方
兌宅(坐西向東之宅)	東北、東南、西北
離宅(坐南向北之宅)	西北、西南、東南
震宅(坐東向西之宅)	東方、東北、北方
巽宅(坐東南向西北)	西南、西方、南方
坎宅(坐北向南之宅)	中央、北方、東方
艮宅(坐東北向西南)	西方、東方、中央
坤宅(坐西南向東北)	東南、南方、西南

●財位的應用法

1. 財位要光亮且不可壓樑。

2. 財位附近不可堆放雜物且有壓迫之高物。

3. 可以種植葉大而圓的植物，但不要看到根（不用透明玻璃裝盛）。

4. 可以點一盞小夜燈，晚上的時候也能呈現光亮。

5. 財位要在不動方：不開門或不常走動處，要安靜。

6. 財位要在直角方，不要是零畸地。

7. 財位不可有尖角沖射或是近火源。

8. 財位不可後開門或開窗、背後有門或有窗。

9. 坊間針對財位建議的擺放之物也很多（如貔貅、水晶洞、魚缸……等）。

第3節　居家文昌位的找法

一般人通常都逃不過一路上大大小小的讀書、考試，小孩為了學位課業，大人為了工作升等。因此，如何在家中找出文昌好位，是個重要課題。

圖：若能見到文筆樹（尖毛筆頭狀）則有利讀書。

●文昌位的找法

我們依紫白飛星一派的説法，各類屋宅的文昌位則如下表所示：

八宅分類	宅紫白文昌位
乾宅(坐西北向東南)	南方、東方
兌宅(坐西向東之宅)	東北、西南
離宅(坐南向北之宅)	西北、南方
震宅(坐東向西之宅)	東方、西北
巽宅(坐東南向西北)	西南、中央
坎宅(坐北向南之宅)	中央、東北
艮宅(坐東北向西南)	西方、北方
坤宅(坐西南向東北)	東南、西方

●文昌位的應用

1. 文昌可設置為書房，但須配合書桌、床位收到旺氣。

2. 從文昌位看出屋外不能看到椰子樹、檳榔樹……等葉子散開的樹木，象徵文筆不銳利。

3. 書房納氣如果可收到當旺的離氣，則讀書功名能有幫助！

4. 坊間建議擺放水晶洞、貔貅、銅麒麟或銅龍等吉祥物，來催化文昌位的效果。

5. 天助自助，文昌位上，東西擺放整齊，加上自我的努力，定能將實力發揮出來。

第4節　坊間解煞器具

俗話說：「有法有破。」於第二章篇幅所提的眾多常見形煞，坊間當然也有衍生一些相對應的制煞法器來破解。以下供讀者參考，做為增長見聞之用，但切勿迷信受騙。

●**山海鎮**：山海鎮做為辟邪物主要是藉助山、海的力量，來鎮制門前風水沖煞。

●**八卦鏡**：八卦鏡是八個卦象和鏡子(凹透鏡或凸透鏡)的組合體，主要作用是化煞與納福的功能。凸透鏡是利用光線反射的現象，視為可以反射形煞、煞氣的一種表現；而凹透鏡則利用與凸透鏡相反的原理，風水師一般視為有可以聚集氣場、增加宅運等作用。

●**五帝錢**：順治、康熙、雍正、乾隆、嘉慶等五個皇帝，他們在統治期間所流通的錢幣就稱為五帝錢。由於錢幣上刻有運勢極強旺的當朝帝號，再加上錢幣的外形符合所謂的天圓地方（孔方兄）的概念，因此五帝錢就被視為具有天、地、人三才匯聚、和諧的功用，也廣泛的被風水師應用於化煞、制煞用途。

●**符咒：**符咒的用途廣泛，其用於風水
上的符咒也有多種選擇，依不同用途
有不同符咒使用。而就算用途一樣的符
咒，因為其派別的不同，所繪出來的圖
案、文字也有所不同。

左邊兩張為「三煞符」右邊一張為「制火災符」

●**銅龍、銅麒麟**：龍與麒麟自古就被視為吉祥瑞獸的一種，因此其形象在風水上也被視為具有很強的鎮煞作用，同時亦可以安定屋宅氣場、保護自身及家宅的平安。

●**貔貅**：音同「皮休」，又名天祿，是中國古代神話傳說中的一種神獸。傳說中貔貅兇猛威

武，喜吸食魔怪的精血，並轉化為財富。因此被視為鎮宅招財的象徵。

●**水晶**：由於水晶深藏於地底至少歷經八千至一億多年的時間，因此很多水晶迷號稱其已盡收天地靈氣，所以水晶具有調氣化煞、改善體質的功能。

●**葫蘆**：道教認為葫蘆有法器的作用，可凝氣、納丹藥。此外葫蘆也因為形狀口窄身大，因此也被認為有收煞等用途。

●**羅盤**：羅盤上頭刻有八卦星辰等符號，因此被認為有制煞之功能。此外，又有一說經法師開光後羅盤本身就具有羅盤神，因此就有化煞的功能。

君疑聞詳命相卜服務項目

一、卜卦問事

以五術中最精準的卦術，為您解決人生抉擇關口的任何疑難問題。

如：工作求職、感情、疾病、尋人尋物、求財……諸凡各種問題都可得到解答。

問卜是以六爻文王聖卦，除了問題的結果立斷外，還可以獲知更多資訊。

百事皆可問，唯誠則靈。 也可遠距卜卦，但請先來電詢問卜卦須知。

《卜卦準備資料》

當面或email、電話告之即可。

二、命名改名

1. 兼顧本命生肖、八字取吉相輔助。
2. 配合熊崎氏法則（天、地、人、總、外格），及筆劃數取吉。
3. 配合斗術本命個性，並兼顧字形、字音、字義，確實將名字效力實用於個人特質上。

4. 配合父母或配偶八字取吉。

若另有需求可另行提出（如增加工作人緣時，需告知工作性質……等等）。

5. 以文王聖卦占卜判斷吉凶。

參考坊間多派姓名學，取優避凶，擇吉命名。

另可依需求親書疏文且擇吉日吉時告知祖先，以增加名字靈動力。

《命名準備資料》

1. 嬰兒生辰八字（年、月、日、時）、性別。

2. 父母親的姓名、八字（出生年即可）。

3. 嬰兒兄姊的姓名，以及長輩名字等等（需要避開的字）。

4. 特別喜歡（視狀況盡量滿足）或忌用的文字（一定避開）。

《改名準備資料》

1. 本人的八字（年、月、日、時）。

2. 已婚者附上配偶的姓名及八字。

3. 未成年者附上父母親的姓名及八字。

4. 改名特殊原因或是新名字需要加強的地方（如工作、婚姻……等等）。

《公司命名準備資料》

1. 公司負責人（真正主事者，非掛名者）的姓名、八字、性別。
2. 公司的營業性質、項目。
3. 如有合夥人附上合夥人姓名及八字。

三、陽宅規劃鑑定

以正統三元派為主，配合其餘派別為輔，幫您的住宅內、外在環境做一完整規劃。除了化煞外，同時為您找出文昌及財位、房間桃花位等，並教導財位催財之法、催桃花之法。

調整過程沒有敲敲打打等大工程，或要求加購八卦鏡、山海鎮等推銷手法。

並贈入宅擇吉日課或開市開業擇日。

《勘宅準備資料》

時間以白天勘宅較適當，以電話或email告知均可。

四、紫微斗數批命

利用紫微斗數幫助您認識自己，找出個性優缺點、適合何種工作發展等等。

點出何時走運，何時低潮；讓您的人生不至於走冤枉路。 科學論命， 沒有神神鬼鬼的怪異之說！

1. 基本盤的解說（個性、財運、事業、健康等優缺點分析）。

2. 近幾十年的大限的解說、近年流年解說。

3. 其餘的問與答（依客戶提問需求，亦可配合兩張命盤以上互參）。

《批命準備資料》

1. 生辰八字(年、月、日、時，最好準確到分鐘以及出生地區等資訊)、性別。

2. 若是看他人的命盤，因涉及隱私，因此要提出彼此關係。

3. 希望解決的問題或困擾及基本資訊，如工作問題，則必先告知目前工作性質等資訊。

4. 聯絡方式：郵寄地址、聯絡電話或是email方便聯絡皆可。

五、擇日擇吉

開光點眼／搬遷／婚嫁／動土／安床／開市開業……等等。

精通各類日課擇法（如需天星課或大六壬課者請先註明）。

1. 搬遷入宅、開市開業
《入宅準備資料》
預定搬遷日期、時間、房屋坐向（或是簡圖有標明南北坐向亦可）、主事者八字姓名、其餘參與者八字、姓名。

2. 婚嫁擇日（含訂婚、結婚、安床）
《婚嫁準備資料》
新郎新娘姓名及彼此的八字、雙方父母親的八字、姓名，預計的婚期期間、女方有無胎孕、特殊需求（如希望為星期六日）……等。

3. 紫微剖腹擇日
《剖腹準備資料》
預產期、胎兒性別、父母親八字及姓名、簡述對小孩的期望為何。

六、各式演講、通識教學

公司團體、社團、學校等，都可進行時間不等的
教學、演講活動（台語、中、英文都可），題目
可訂可討論，歡迎詢問。

陳老師的聯絡方式：
手機：0928827456
Email: arger.tw@seed.net.tw
　　　 arger.tw@yahoo.com.tw
部落格：http://tw.myblog.yahoo.com/arger-chen
Facebook粉絲團：君疑聞詳命相卜

國家圖書館出版品預行編目資料

算屋一本通／陳文祥著.
　　--第一版--臺北市：知青頻道出版；
　　紅螞蟻圖書發行，2013.10
　　　面　　公分--（開運隨身寶；6）
　　ISBN 978-986-6030-79-6（平裝）

　　1.相宅

294.1　　　　　　　　　　　　　　102017708

開運隨身寶 6
算屋一本通

作　　　者／陳文祥
發 行 人／賴秀珍
總 編 輯／何南輝
美術構成／Chris' office
校　　　對／周英嬌、楊安妮、陳文祥
出　　　版／知青頻道出版有限公司
發　　　行／紅螞蟻圖書有限公司
地　　　址／台北市內湖區舊宗路二段121巷19號(紅螞蟻資訊大樓)
網　　　站／www.e-redant.com
郵撥帳號／1604621-1　紅螞蟻圖書有限公司
電　　　話／(02)2795-3656（代表號）
傳　　　真／(02)2795-4100
登 記 證／局版北市業字第796號
法律顧問／許晏賓律師
印 刷 廠／卡樂彩色製版印刷有限公司
出版日期／2013年10月　第一版第一刷

定價 220 元　港幣 73 元

ISBN 978-986-6030-79-6　　　　　　Printed in Taiwan